“매일 성장하는 **초등 자기개발서**”

Q 왜 공부력을 키워야 할까요?

쓰기력

정확한 의사소통의 기본기이며 논리의 바탕

연필을 잡고 종이에 쓰는 것을 괴로워한다!
맞춤법을 몰라 정확한 쓰기를 못한다!
말은 잘하지만 조리 있게 쓰는 것이 어렵다!
그래서 글쓰기의 기본 규칙을 정확히 알고
써야 공부 능력이 향상됩니다.

어휘력

교과 내용 이해와 독해력의 기본 바탕

어휘를 몰라서 수학 문제를 못 푼다!
어휘를 몰라서 사회, 과학 내용 이해가 안 된다!
어휘를 몰라서 수업 내용을 따라가기 어렵다!
그래서 교과 내용 이해의 기본 바탕을
다지기 위해 어휘 학습을 해야 합니다.

독해력

모든 교과 실력 향상의 기본 바탕

글을 읽었지만 무슨 내용인지 모른다!
글을 읽고 이해하는 데 시간이 오래 걸린다!
읽어서 이해하는 공부 방식을 거부하려고 한다!
그래서 통합적 사고력의 바탕인 독해 공부로
교과 실력 향상의 기본기를 닦아야 합니다.

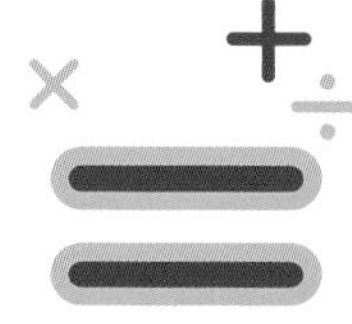

계산력

초등 수학의 핵심이자 기본 바탕

계산 과정의 실수가 잦다!
계산을 하긴 하는데 시간이 오래 걸린다!
계산은 하는데 계산 개념을 정확히 모른다!
그래서 계산 개념을 익히고 속도와 정확성을
높이기 위한 훈련을 통해 계산력을 키워야 합니다.

완자

공부력

초등 영어

영단어 6A

특징과 활용법

하루 4쪽 공부하기

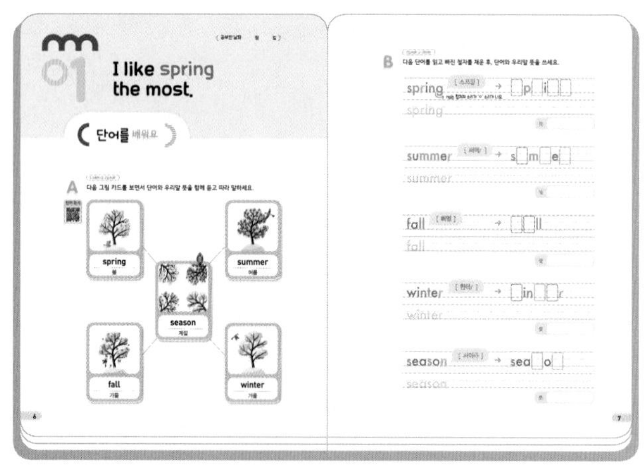

✳ 그림 카드와 함께 단어를 보고, 듣고, 따라 말하고, 쓰면서 배워요.

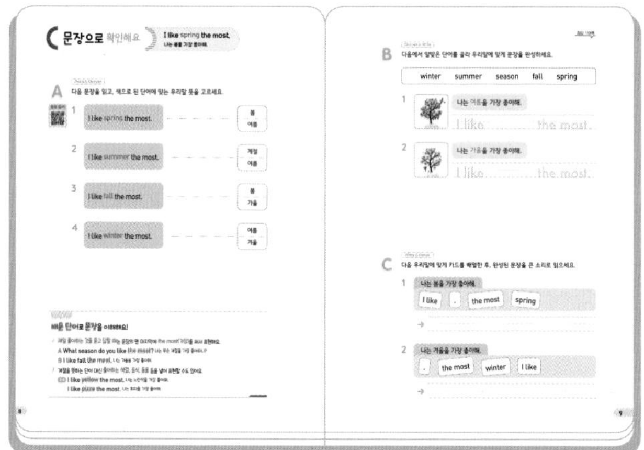

✳ 배운 단어를 문장에 적용해 보며 단어의 실제 쓰임새를 다시 한 번 익혀요.

✳ 철자와 우리말 발음을 색으로 연결하여 단어를 정확하게 익혀요.

예시 **circle** [써어r클]

자음 : 빨강, 파랑, 초록 | 모음 : 보라 | 굴리는 r : 주황 | 묵음 : 회색

모음	a [애 / 에이 / 어]		e [에 / 이 / 어]		i [이 / 아이]		o [아 / 오 / 오우]		u [어 / 우 / 유]	
자음	b [ㅂ]	c [ㅋ/ㅅ,ㅆ]	d [ㄷ]	f [ㅍ,ㅃ]	g [ㄱ/ㅈ]	h [ㅎ]	j [ㅈ]	k [ㅋ]	l [ㄹ]	m [ㅁ]
	n [ㄴ]	p [ㅍ]	q [ㅋ]	r [ㄹ]	s [ㅅ,ㅆ/ㅈ]	t [ㅌ]	v [ㅂ]	w [우]	x [ㅋ/ㅅ,ㅆ]	y [이/아이]
	z [ㅈ]	ch [취]	sh [쉬]	th [ㅆ/ㄷ]	ng [응]	ph [ㅍ,ㅃ]				

w, y는 자음이지만 모음으로 발음해요.

✔ 책으로 하루 4쪽 공부하며, 초등 영단어를 익혀요!

✔ 모바일앱으로 공부한 내용을 복습하고 몬스터를 잡아요!

공부한 내용 확인하기

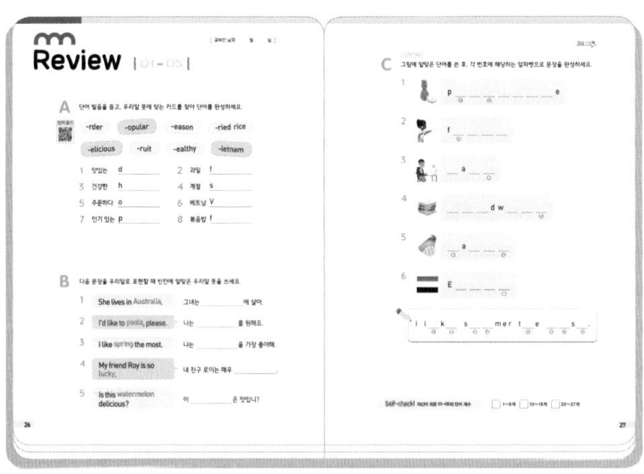

✳ 5일 동안 배운 단어를 재미있는 문제로 풀어보며 복습해요.

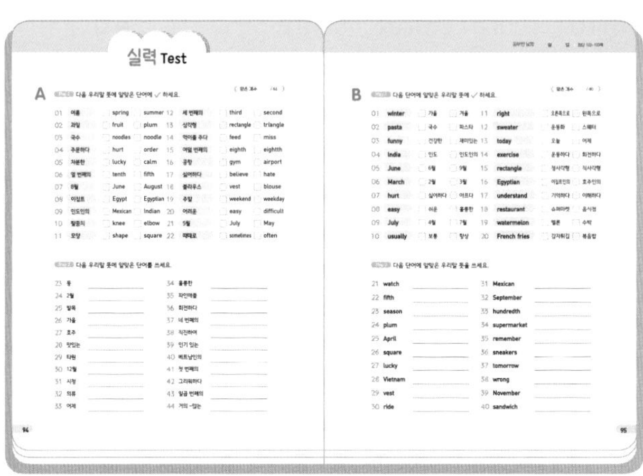

✳ 20일 동안 배운 단어를 단계별 문제로 풀어보며 자기의 실력을 확인해요.

모바일앱으로 복습하기

앱 다운받기

책 인증하기

✳ 그날 배운 내용을 바로바로, 또는 주말에 모아서 복습하고, 다이아몬드 획득까지! 공부가 저절로 즐거워져요!

차례

완자 공부력 영단어 시리즈 단어 수

Start! — 3A 100단어 — 3B 101단어

누적 학습 단어 수 100단어 — 201단어

한 친구가
작은 습관을 만들었어요.

매일매일의 시간이 흘러
작은 습관은 큰 습관이 되었어요.

큰 습관이 지금은 그 친구를 이끌고
있어요. 매일매일의 좋은 습관은
우리를 좋은 곳으로 이끌어 줄 거예요.

우리도
하루 4쪽 공부 습관!
스스로 공부하는 힘을
키워 볼까요?

6A/6B에서는 인물 묘사, 장소, 빈도 표현, 할 일, 환경보호, 달과 날짜 등 6학년 영어 교과서에 나오는 주제어를 공부해요.

4A 100단어 — 301단어 / 4B 102단어 — 403단어 / 5A 103단어 — 506단어 / 5B 105단어 — 611단어 / 6A 108단어 — 719단어 / 6B 105단어 — Finish! 총 초등 필수 824단어

I like spring the most.

단어를 배워요

Listen & Speak

A 다음 그림 카드를 보면서 단어와 우리말 뜻을 함께 듣고 따라 말하세요.

단어 듣기

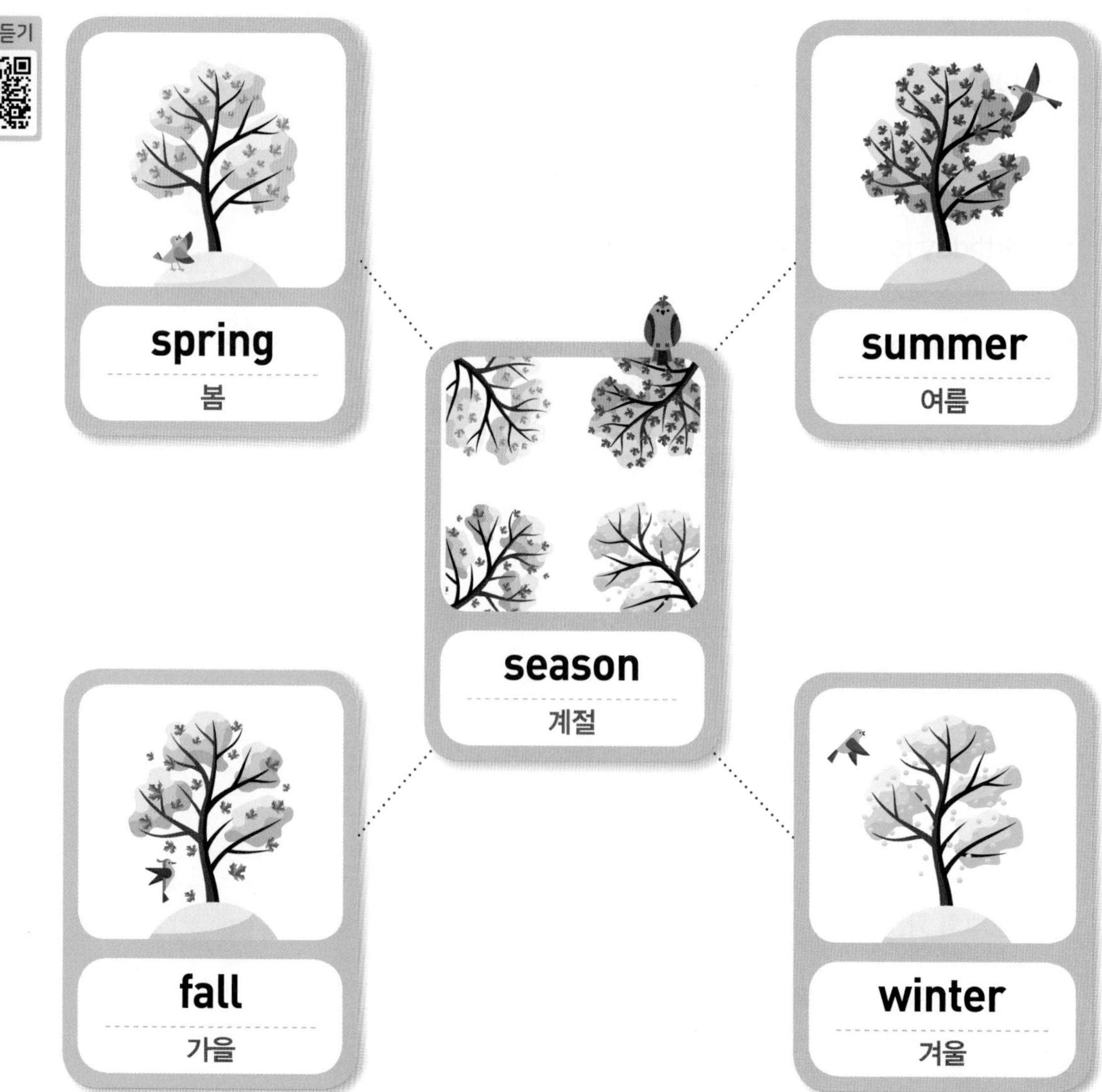

Speak & Write

B

다음 단어를 읽고 빠진 철자를 채운 후, 단어와 우리말 뜻을 쓰세요.

spring [스프링] → _p_i__

ng는 합쳐져 소리가 'ㅇ' 소리가 나요.

spring

뜻

summer [써머r] → s_m_e_

summer

뜻

fall [뻐얼] → __ll

fall

뜻

winter [윈터r] → _in__r

winter

뜻

season [씨이즌] → sea_o_

season

뜻

C 문장으로 확인해요

I like spring the most.
나는 봄을 가장 좋아해.

Read & Choose

A 다음 문장을 읽고, 색으로 된 단어에 맞는 우리말 뜻을 고르세요.

문장 듣기

1 I like spring the most. ············ 봄 / 여름

2 I like summer the most. ············ 계절 / 여름

3 I like fall the most. ············ 봄 / 가을

4 I like winter the most. ············ 여름 / 겨울

배운 단어로 문장을 이해해요!

› 제일 좋아하는 것을 묻고 답할 때는 문장의 맨 마지막에 the most(가장)를 써서 표현해요.

A What season do you like the most? 너는 무슨 계절을 가장 좋아하니?

B I like fall the most. 나는 가을을 가장 좋아해.

› 계절을 뜻하는 단어 대신 좋아하는 색깔, 음식, 동물 등을 넣어 표현할 수도 있어요.

ex I like yellow the most. 나는 노란색을 가장 좋아해.

I like pizza the most. 나는 피자를 가장 좋아해.

정답 110쪽

Choose & Write

B 다음에서 알맞은 단어를 골라 우리말에 맞게 문장을 완성하세요.

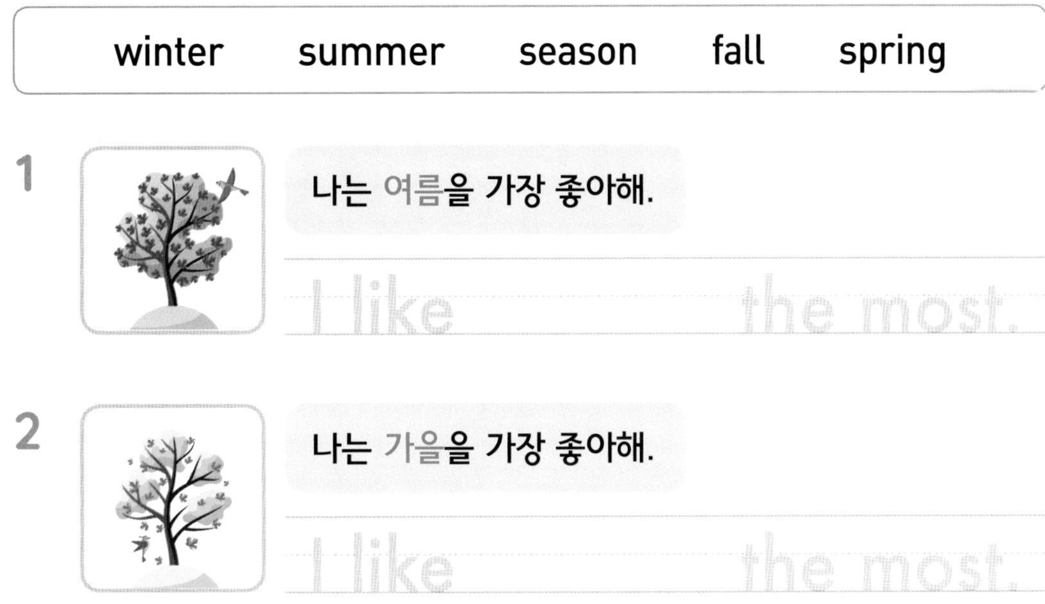

winter summer season fall spring
1
나는 여름을 가장 좋아해.
I like the most.
2
나는 가을을 가장 좋아해.
I like the most.

Write & Speak

C 다음 우리말에 맞게 카드를 배열한 후, 완성된 문장을 큰 소리로 읽으세요.

1 나는 봄을 가장 좋아해.

I like | . | the most | spring

→

2 나는 겨울을 가장 좋아해.

. | the most | winter | I like

→

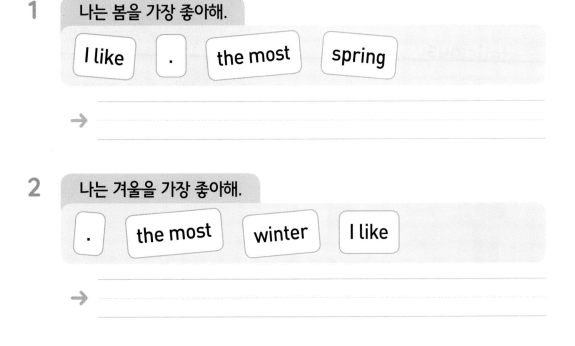

Is this mango delicious?

단어를 배워요

Listen & Speak

A 다음 그림 카드를 보면서 단어와 우리말 뜻을 함께 듣고 따라 말하세요.

Speak & Write

B

다음 단어를 읽고 빠진 철자를 채운 후, 단어와 우리말 뜻을 쓰세요.

mango [맹고우] → __an__ __

ng는 'ㅇ'과 'ㄱ'로 나뉘어 소리가 나요.

mango 뜻

pineapple [파인애쁠] → p__nea__p__e

pineapple 뜻

watermelon [워터r멜런] → __a__er__elo__

watermelon 뜻

plum [플럼] → __l__m

plum 뜻

fruit [쁘루우ㅌ] → f__u__t

fruit 뜻

delicious [딜리셔ㅅ] → d__li__io__ __

delicious 뜻

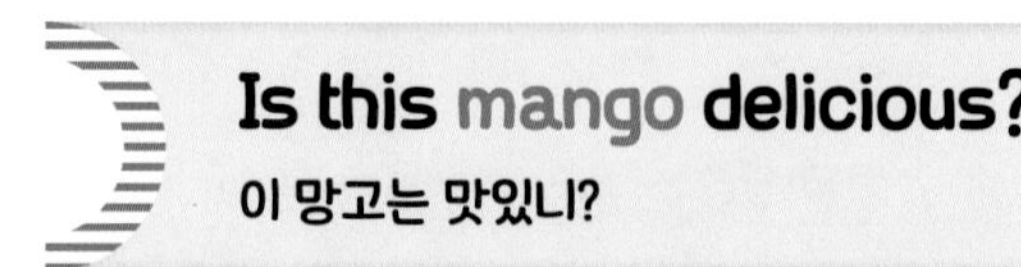

Read & Match

A 다음 그림에 맞게 색으로 된 알맞은 단어와 우리말 뜻을 연결하세요.

문장 듣기

1 • • Is this plum delicious? • • 과일

2  • • Is this fruit delicious? • • 수박

3  • • Is this mango delicious? • • 자두

4  • • Is this pineapple delicious? • • 망고

5  • • Is this watermelon delicious? • • 파인애플

배운 단어로 문장을 이해해요!

- 어떤 과일이 맛있는지를 물을 때는 Is this 과일 이름 delicious?를 써서 '이 ~은 맛있니?'라고 말해요.
- 과일 대신 음식을 뜻하는 단어를 넣어 물을 수 있고, 그 음식이 맛있으면 Yes, it is., 맛없으면 No, it isn't.로 답해요.

A Is this hamburger delicious? 이 햄버거는 맛있니?
B Yes, it is. 응, 그건 그래. / No, it isn't. 아니, 그건 그렇지 않아.

정답 110쪽

Choose & Write

B

다음 우리말에 맞게 알맞은 단어를 골라 문장을 완성하세요.

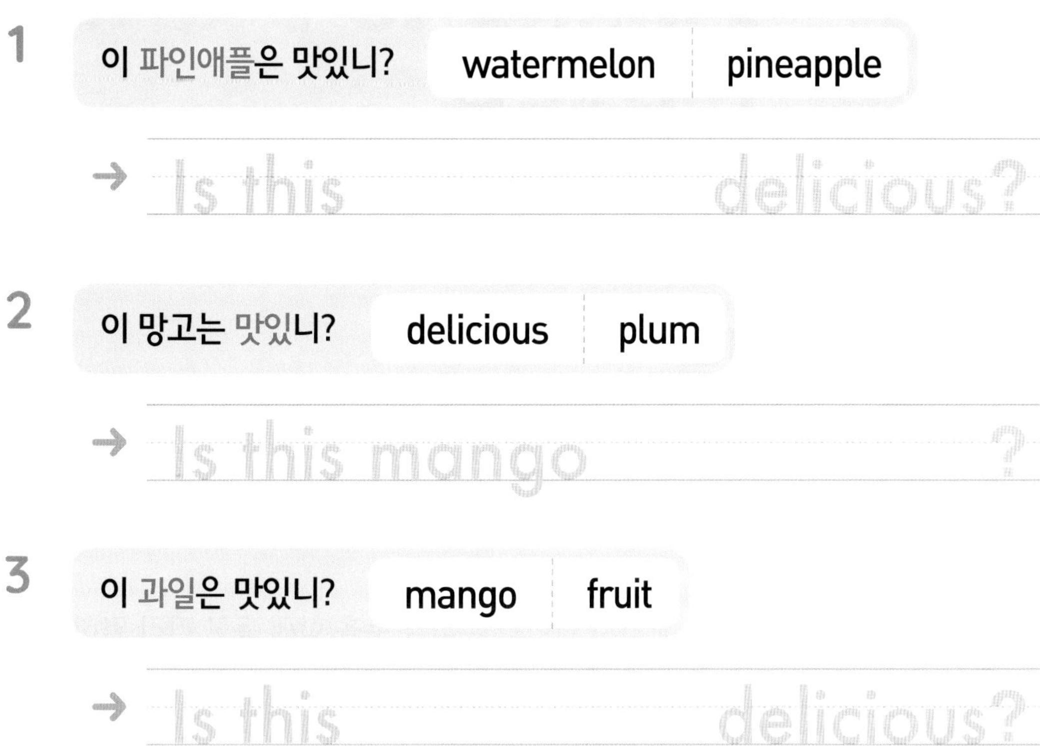

1
이 파인애플은 맛있니?
watermelon
pineapple
→ Is this delicious?
2
이 망고는 맛있니?
delicious
plum
→ Is this mango ?
3
이 과일은 맛있니?
mango
fruit
→ Is this delicious?

Write & Speak

C

다음 우리말에 맞게 카드를 배열한 후, 완성된 문장을 큰 소리로 읽으세요.

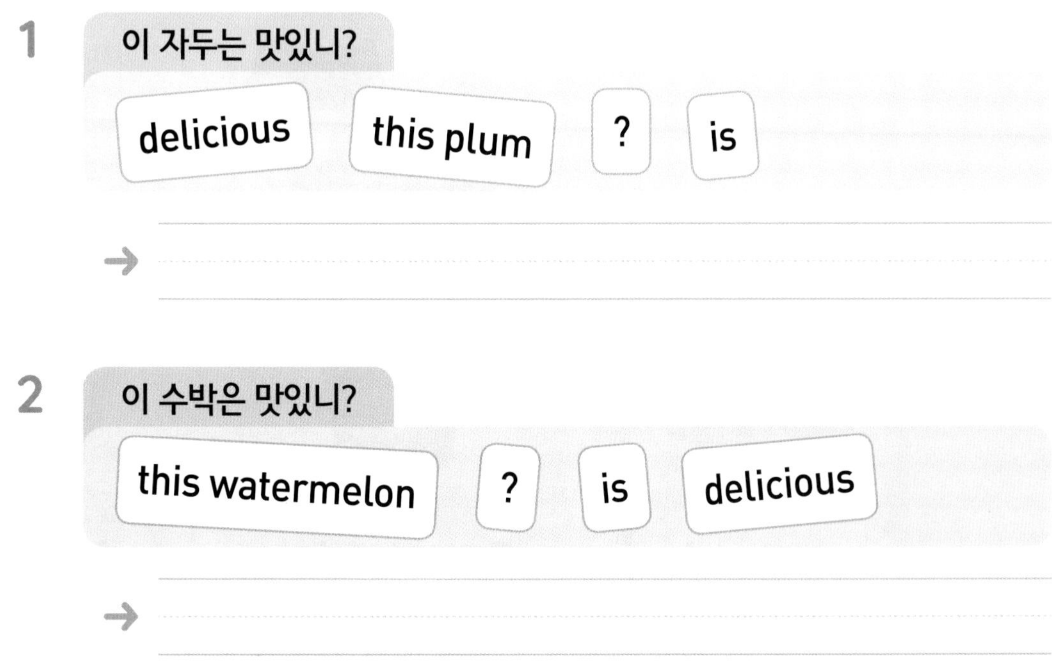

I'd like to pasta, please.

단어를 배워요

Listen & Speak

A 다음 그림 카드를 보면서 단어와 우리말 뜻을 함께 듣고 따라 말하세요.

단어 듣기

Speak & Write

B 다음 단어를 읽고 빠진 철자를 채운 후, 단어와 우리말 뜻을 쓰세요.

[파아스터]

pasta → □a□ta

pasta 뜻

[누들스]

noodles → no□□le□

noodles 뜻

[쌘드위취]

sandwich → □an□wi□□

sandwich 뜻

[쁘렌취 프라이즈]

French fries → F□□nch □rie□

f는 [ㅍ]와 [ㅃ]의 중간 정도로 발음해요.

French fries 뜻

[쁘라이드 라이쓰]

fried rice → f□□ed □i□e

fried rice 뜻

'-'는 앞에 나온 소리를 길게 발음해요.

[오-r더r]

order → □r□e□

order 뜻

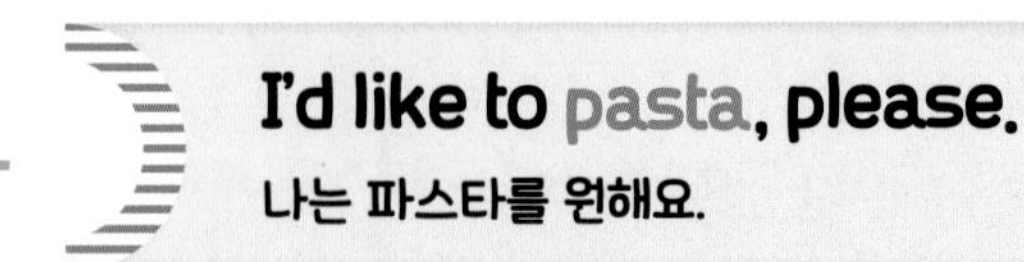

Read & Choose

A 다음 문장을 읽고, 색으로 된 단어에 맞는 우리말 뜻을 고르세요.

문장 듣기

1  I'd like **noodles**, please. ········ 볶음밥 / 국수

2 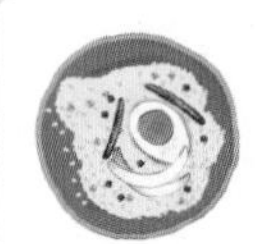 I'd like **sandwich**es, please. ········ 샌드위치 / 감자튀김

3  I'd like **fried rice**, please. ········ 파스타 / 볶음밥

4  I'd like **pasta**, please. ········ 국수 / 파스타

5 I'd like **French fries**, please. ········ 감자튀김 / 볶음밥

배운 단어로 문장을 이해해요!

- I'd like to ~.는 '나는 ~을 원해요', '나는 ~하고 싶어요'라는 의미로, 원하는 것을 공손하게 요청할 때 쓰는 표현이고 I'd는 I would의 줄임말이에요.
- 음식점에서 주문받는 직원에게 I'd like to 음식 이름, please.라고 말하면 원하는 메뉴를 주문할 수 있어요.

  A What would you like to order? 무엇을 주문하시겠어요?
  B I'd like to French fries, please. 나는 감자튀김을 원해요.

정답 111쪽

Choose & Write

B 다음에서 알맞은 단어를 골라 우리말에 맞게 문장을 완성하세요.

French fries	pasta	fried rice
noodles	sandwich	order

1 나는 볶음밥을 원해요.

→ I'd like to ______, please.

2 나는 샌드위치를 원해요.

→ I'd like to ______es, please.

3 나는 파스타를 원해요.

→ I'd like to ______, please.

Write & Speak

C 다음 카드를 이용하여 우리말에 맞게 문장을 완성한 후, 큰 소리로 읽으세요.

noodles / I'd like to / please / please / French fries / I'd like to

1 나는 감자튀김을 원해요.

2 나는 국수를 원해요.

My friend Roy is so healthy.

Listen & Speak

A 다음 그림 카드를 보면서 단어와 우리말 뜻을 함께 듣고 따라 말하세요.

단어 듣기

Speak & Write

B 다음 단어를 읽고 빠진 철자를 채운 후, 단어와 우리말 뜻을 쓰세요.

healthy [헬씨] → □eal□□y

healthy

뜻

calm [카암] → c□l□

l은 소리가 나지 않아요.

calm

뜻

popular [파퓰러r] → □op□□ar

popular

뜻

lucky [러키] → lu□□y

lucky

뜻

funny [뻐니] → □□nny

funny

뜻

C 문장으로 확인해요

My friend Roy is so healthy.
내 친구 로이는 매우 건강해.

Read & Choose

A 다음 문장을 읽고, 색으로 된 단어에 맞는 우리말 뜻을 고르세요.

문장 듣기

1 My friend Roy is so calm. .... 운이 좋은 / 차분한

2 My friend Roy is so healthy. .... 건강한 / 재미있는

3 My friend Roy is so funny. .... 재미있는 / 인기 있는

4 My friend Roy is so popular. .... 차분한 / 인기 있는

5 My friend Roy is so lucky. .... 건강한 / 운이 좋은

배운 단어로 문장을 이해해요!

- 친구를 소개할 때는 My friend 뒤에 친구의 이름을 써서 '내 친구 ~'라고 표현해요.
- so는 very와 비슷한 뜻으로, 뒤에 오는 말을 강조해서 '매우 ~'라는 의미를 나타내요.
- so 뒤에는 성격이나 외모 등을 나타내는 다양한 단어가 올 수 있어요.

ex My friend Jane is so kind. 내 친구 제인은 매우 친절해.
My friend Ron is so tall. 내 친구 론은 매우 키가 커.

정답 111쪽

Look & Write

B 다음 그림에 맞게 주어진 철자를 배열하여 문장을 완성하세요.

1
m a l c
→ My friend Roy is so .
2
p o l r a u p
→ My friend Roy is so po .
3
h e y h a t l
→ My friend Roy is so he .

Write & Speak

C 다음 우리말에 맞게 카드를 배열한 후, 완성된 문장을 큰 소리로 읽으세요.

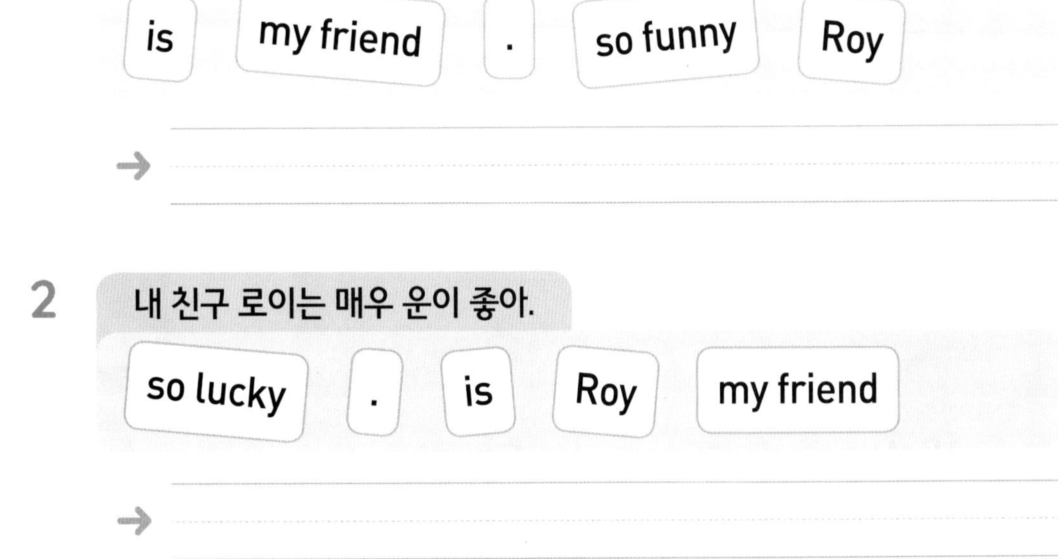

(공부한 날짜 월 일)

He lives in Mexico.

Listen & Speak

A 다음 그림 카드를 보면서 단어와 우리말 뜻을 함께 듣고 따라 말하세요.

단어 듣기

나라 이름을 뜻하는 단어는 항상 대문자로 시작해요.

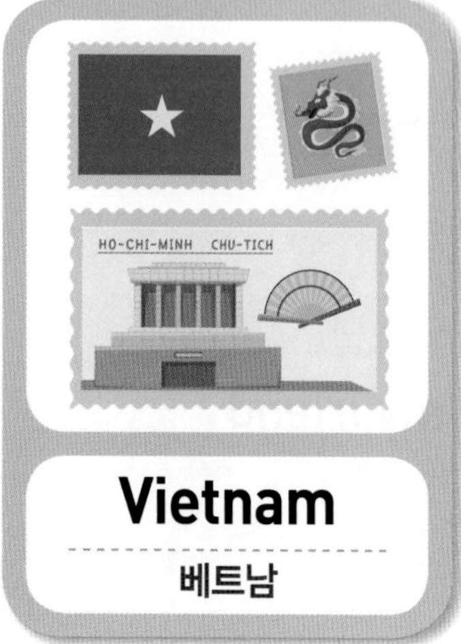

Speak & Write

B 다음 단어를 읽고 빠진 철자를 채운 후, 단어와 우리말 뜻을 쓰세요.

[멕씨코우]

Mexico → □e□ic□

x는 'ㅋ'와 'ㅆ' 소리가 동시에 나요.

Mexico

뜻

[인디어]

India → I□d□a

India

뜻

[비엗나암]

Vietnam → □□e□□am

Vietnam

뜻

[이-짚ㅌ]

Egypt → □□ypt

Egypt

뜻

[어-스트레일리어]

Australia → □□s□□a□ia

Australia

뜻

C 문장으로 확인해요

He lives in Mexico.
그는 멕시코에 살아.

Read & Write

A 다음 문장을 읽고, 색으로 된 단어에 맞는 우리말 뜻을 골라 쓰세요.

문장 듣기

멕시코	인도	베트남	이집트	호주

1 He lives in **India**. .... 그는 ________에 살아.

2 She lives in **Australia**. .... 그녀는 ________에 살아.

3 He lives in **Egypt**. .... 그는 ________에 살아.

4 He lives in **Mexico**. .... 그는 ________에 살아.

5 She lives in **Vietnam**. .... 그녀는 ________에 살아.

배운 단어로 문장을 이해해요!

- 그 또는 그녀가 현재 살고 있는 곳을 표현하고자 할 때는 He[She] lives in + 나라.를 써요.
- live in은 '~에 살다'의 의미로, 앞에 I, you, we, they가 오면 live in을 쓰고, he나 she가 오면 lives in을 써요.

  ex I live in India. 나는 인도에 살아. / She lives in Mexico. 그녀는 멕시코에 살아.
- in 뒤에는 나라 외에 도시 등 장소를 나타내는 다른 단어도 올 수 있어요.

  ex We live in Busan. 우리는 부산에 살아.
  He lives in New York. 그는 뉴욕에 살아.

정답 112쪽

Choose & Write

B 다음에서 알맞은 단어를 골라 우리말에 맞게 문장을 완성하세요.

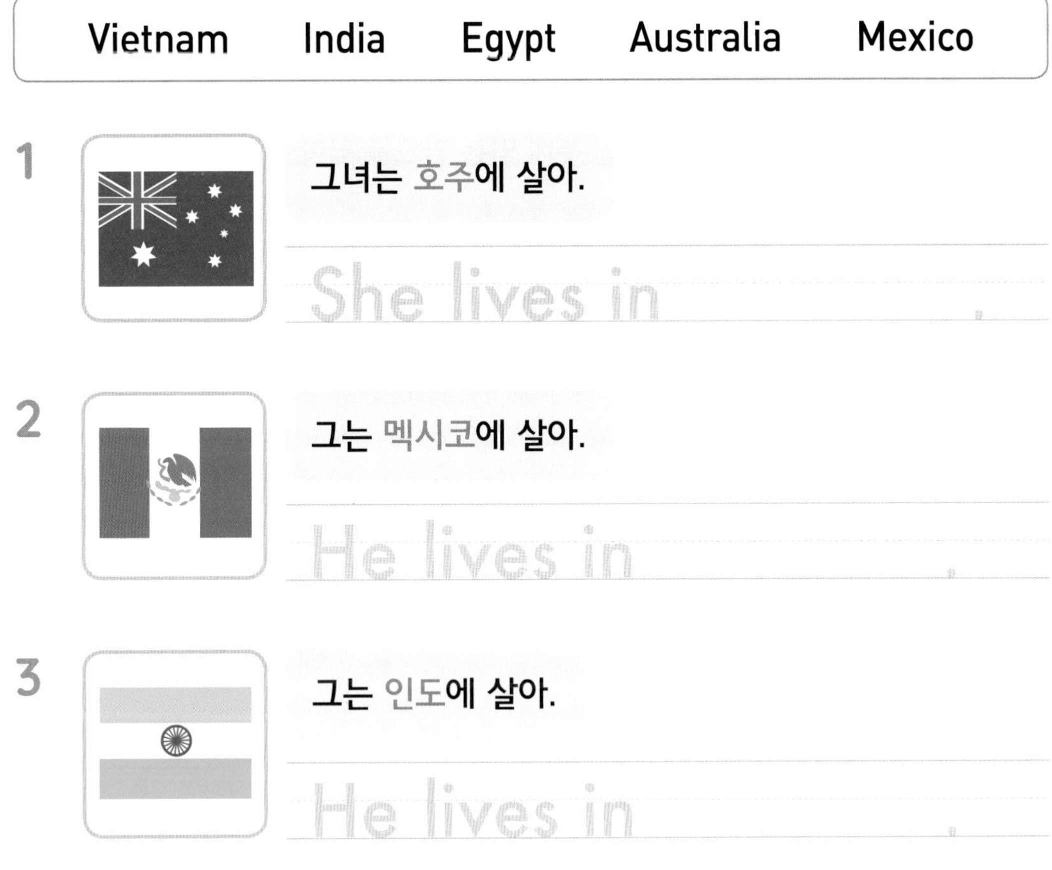

Vietnam	India	Egypt	Australia	Mexico

1 그녀는 호주에 살아.

She lives in ______.

2 그는 멕시코에 살아.

He lives in ______.

3 그는 인도에 살아.

He lives in ______.

Write & Speak

C 다음 카드를 이용하여 우리말에 맞게 문장을 완성한 후, 큰 소리로 읽으세요.

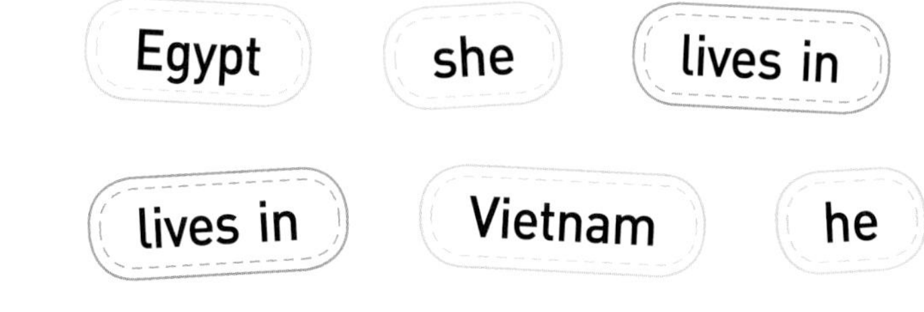

1 그녀는 베트남에 살아.

2 그는 이집트에 살아.

Review | 01-05 |

(공부한 날짜 월 일)

A

단어 발음을 듣고, 우리말 뜻에 맞는 카드를 찾아 단어를 완성하세요.

-rder -opular -eason -ried rice

-elicious -ruit -ealthy -ietnam

1 맛있는 d________ 2 과일 f________

3 건강한 h________ 4 계절 s________

5 주문하다 o________ 6 베트남 V________

7 인기 있는 p________ 8 볶음밥 f________

B

다음 문장을 우리말로 표현할 때 빈칸에 알맞은 우리말 뜻을 쓰세요.

1 She lives in Australia. 그녀는 ________에 살아.

2 I'd like to pasta, please. 나는 ________를 원해요.

3 I like spring the most. 나는 ________을 가장 좋아해.

4 My friend Roy is so lucky. 내 친구 로이는 매우 ________.

5 Is this watermelon delicious? 이 ________은 맛있니?

정답 112쪽

Let's Play

C 그림에 알맞은 단어를 쓴 후, 각 번호에 해당하는 알파벳으로 문장을 완성하세요.

1

2

3
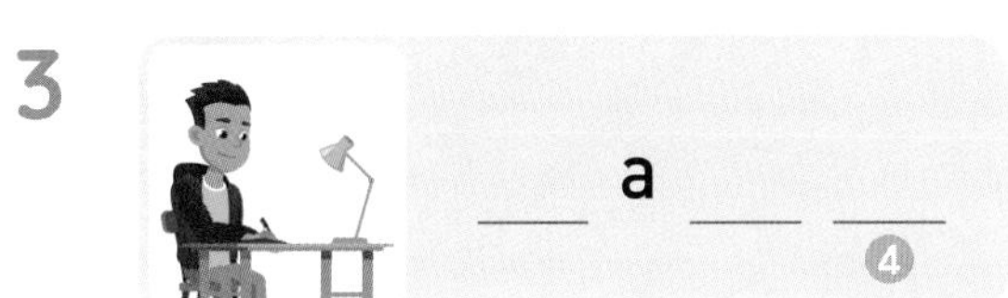

4

5
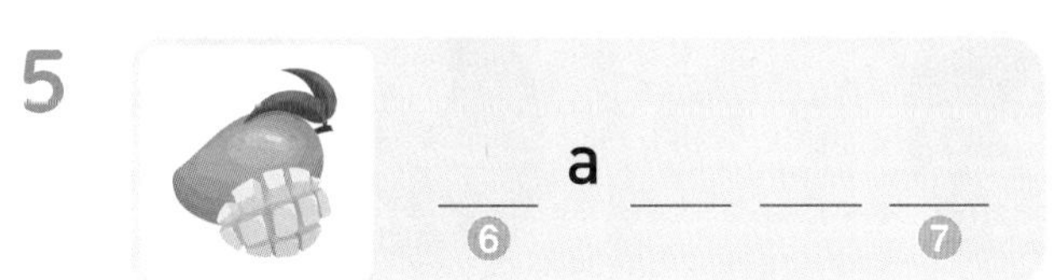

6

Self-check! 자신이 외운 01~05의 단어 개수 ☐ 1~9개 ☐ 10~19개 ☐ 20~27개

(공부한 날짜 월 일)

Are you Mexican?

Listen & Speak

A 다음 그림 카드를 보면서 단어와 우리말 뜻을 함께 듣고 따라 말하세요.

단어 듣기

Mexican
멕시코인(의)

Indian
인도인(의)

국적을 나타내는 단어는 '~인'과 '인의'의 두 가지 의미를 가져요.

Vietnamese
베트남인(의)

Egyptian
이집트인(의)

Australian
호주인(의)

Speak & Write

B 다음 단어를 읽고 빠진 철자를 채운 후, 단어와 우리말 뜻을 쓰세요.

[멕씨컨]

Mexican → □e□ica□

Mexican

뜻

[인디언]

Indian → □n□ia□

Indian

뜻

[비엘나아미이즈]

Vietnamese → Vie□□ame□e

Vietnamese

뜻

[이-짚션]

Egyptian → E□y□ti□n

Egyptian

뜻

[어-스트레일리언]

Australian → Au□tr□lia□

Australian

뜻

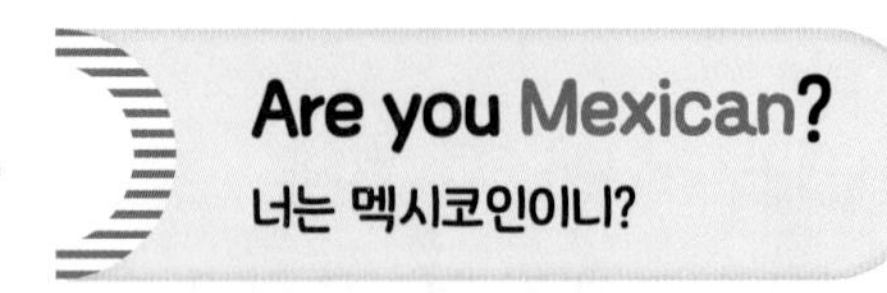

Read & Choose

A 다음 문장을 읽고, 색으로 된 단어에 맞는 우리말 뜻을 고르세요.

문장 듣기

1 Are you **Egyptian**? ······ 인도인의 / 이집트인의

2  Are you **Australian**? ······ 호주인의 / 베트남인의

3  Are you **Mexican**? ······ 이집트인의 / 멕시코인의

4  Are you **Vietnamese**? ······ 호주인의 / 베트남인의

5  Are you **Indian**? ······ 인도인의 / 멕시코인의

배운 단어로 문장을 이해해요!

- 상대방에게 '~○○인이니?'라고 물을 때는 Are you + 국적을 나타내는 단어?로 표현해요.
- 국적을 나타내는 말은 국가를 뜻하는 단어를 활용하여 뒤에 -an, -ese를 붙여서 써요.
  ex Mexico 멕시코 → Mexican 멕시코인의　　Vietnam 베트남 → Vietnamese 베트남인의
- 국적을 묻는 질문에 긍정을 나타낼 때는 Yes, I am., 부정을 나타낼 때는 No, I'm not.으로 답해요.
  A Are you Australian? 너는 호주인이니?
  B Yes, I am. 응, 난 호주인이야. / No, I'm not. 아니, 나는 호주인이 아니야.

정답 113쪽

Choose & Write

B 다음에서 알맞은 단어를 골라 우리말에 맞게 문장을 완성하세요.

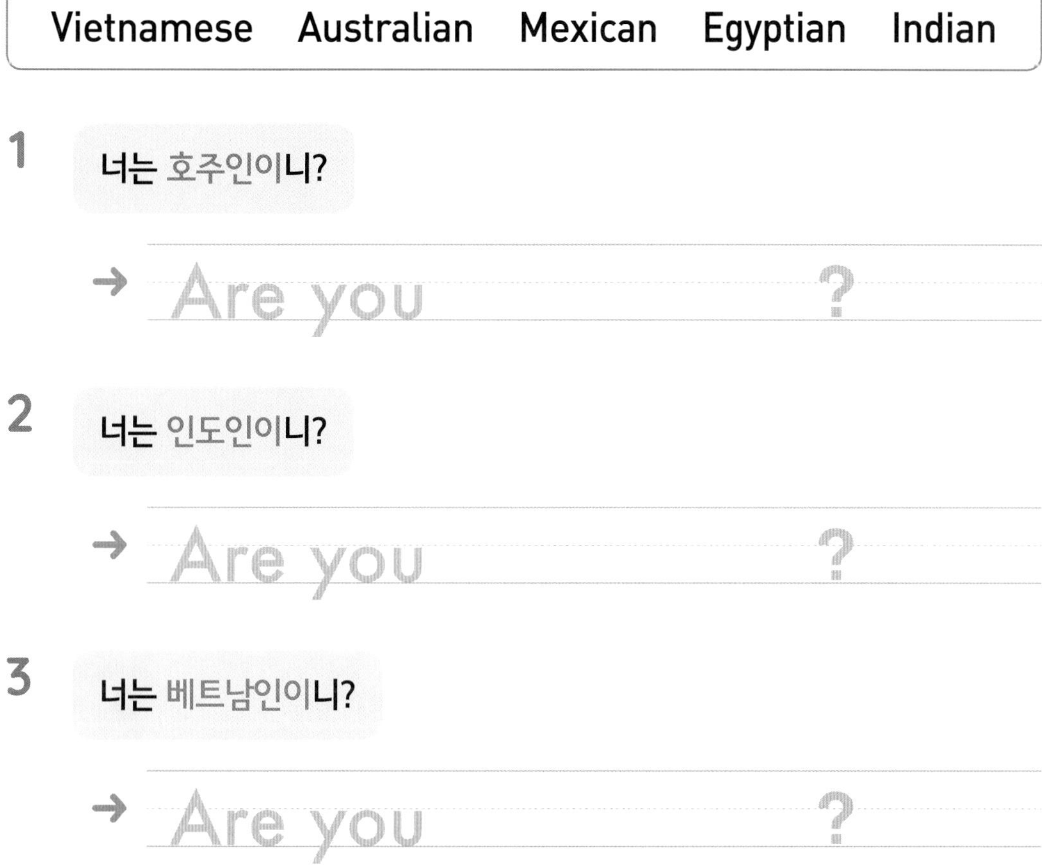

Vietnamese Australian Mexican Egyptian Indian
1 너는 호주인이니?
→ Are you ?
2 너는 인도인이니?
→ Are you ?
3 너는 베트남인이니?
→ Are you ?

Write & Speak

C 다음 우리말에 맞게 카드를 배열한 후, 완성된 문장을 큰 소리로 읽으세요.

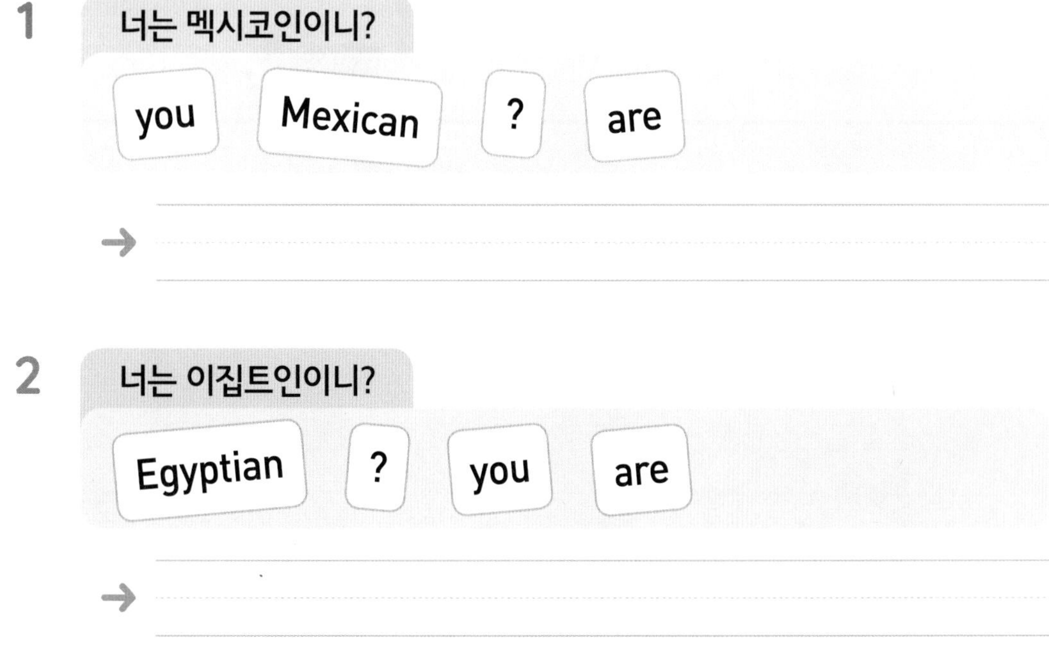

(공부한 날짜 월 일)

My elbow hurts.

단어를 배워요

Listen & Speak

A 다음 그림 카드를 보면서 단어와 우리말 뜻을 함께 듣고 따라 말하세요.

단어 듣기

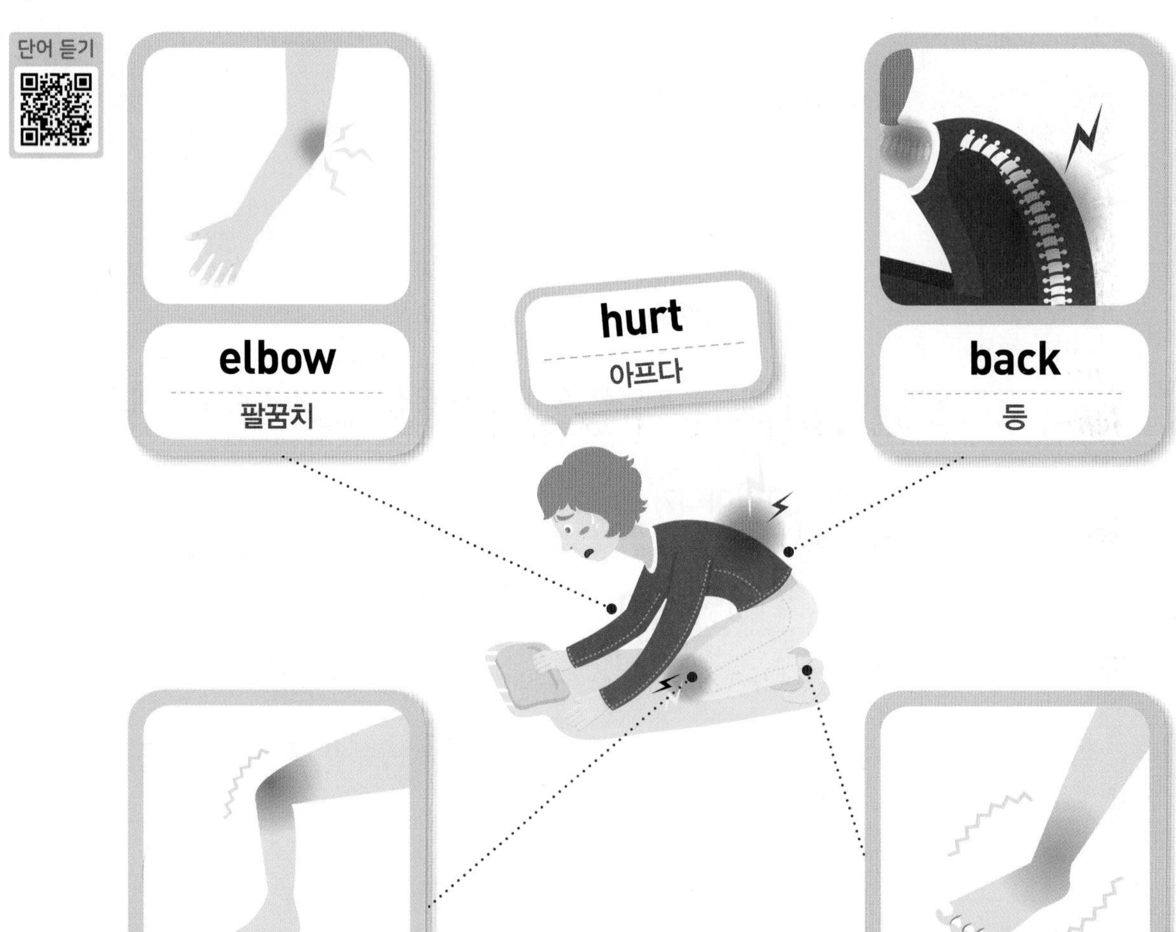

Speak & Write

B 다음 단어를 읽고 빠진 철자를 채운 후, 단어와 우리말 뜻을 쓰세요.

elbow [엘보우] → □l□o□

elbow

뜻

back [배ㅋ] → ba□□

back

뜻

knee [니이] → k□ee

k는 소리가 나지 않아요.

knee

뜻

ankle [앵클] → □n□le

ankle

뜻

hurt [허어r트] → □ur□

hurt

뜻

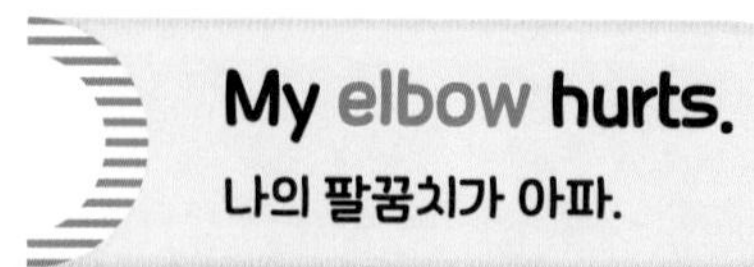

Read & Match

A 다음 그림에 맞게 색으로 된 알맞은 단어와 우리말 뜻을 연결하세요.

문장 듣기

1 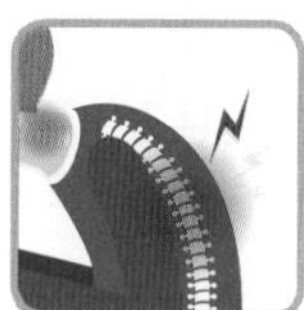 • • My knee hurts. • • 발목

2  • • My ankle hurts. • • 무릎

3  • • My knee hurts. • • 팔꿈치

4  • • My back hurts. • • 아프다

5 • • My elbow hurts. • • 등

배운 단어로 문장을 이해해요!

- 내 몸의 어딘가가 아프다는 것을 표현할 때는 My 신체부위 hurts.를 써서 '나의 ~가 아파요'라고 표현해요.
- '몹시' 아프다라고 강조할 때는 마지막에 badly를 넣어 표현할 수 있어요.
  ex **My back hurts badly.** 나의 등이 몹시 아파.
- 그 밖의 신체 부위를 나타내는 단어를 이용하여 다양한 문장을 쓸 수 있어요.
  ex **My leg hurts.** 나의 다리가 아파.
  My shoulder hurts. 나의 어깨가 아파.

정답 113쪽

Choose & Write

B

다음 우리말에 맞게 알맞은 단어를 골라 문장을 완성하세요.

1 나의 팔꿈치가 아파. ankle | elbow

→ My ______ hurts.

2 나의 무릎이 아파. knee | back

→ My ______ hurts.

Write & Speak

C

다음 우리말에 맞게 카드를 배열한 후, 완성된 문장을 큰 소리로 읽으세요.

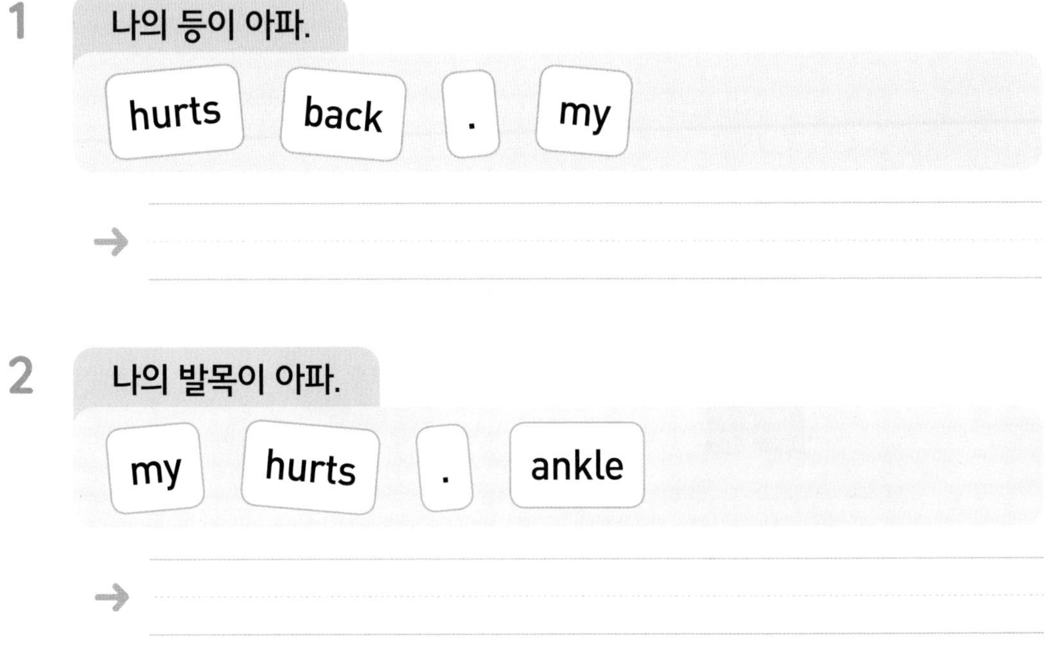

1
나의 등이 아파.
hurts
back
.
my
→
2
나의 발목이 아파.
my
hurts
.
ankle
→

Its shape is a circle.

Listen & Speak

A 다음 그림 카드를 보면서 단어와 우리말 뜻을 함께 듣고 따라 말하세요.

단어 듣기

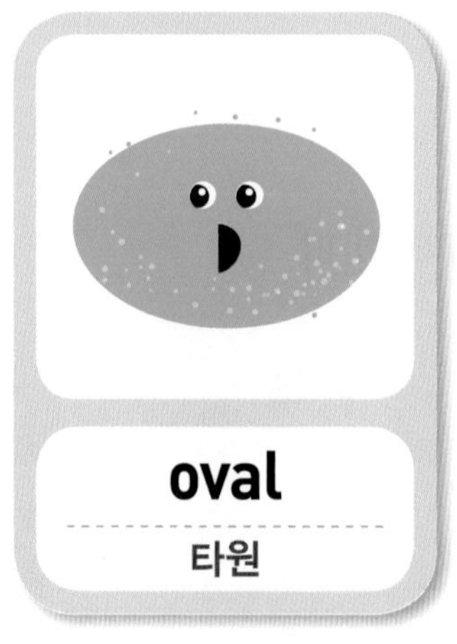

Speak & Write

B 다음 단어를 읽고 빠진 철자를 채운 후, 단어와 우리말 뜻을 쓰세요.

circle [써어r클] → c□r□le

circle 뜻

square [스퀘어r] → □□u□re

square 뜻

triangle [트라이앵글] → t□i□□gle

triangle 뜻

rectangle [렉탱글] → □□ctan□□e

rectangle 뜻

oval [오우블] → □v□l

oval 뜻

shape [쉐이프] → □□a□e

shape 뜻

C 문장으로 확인해요

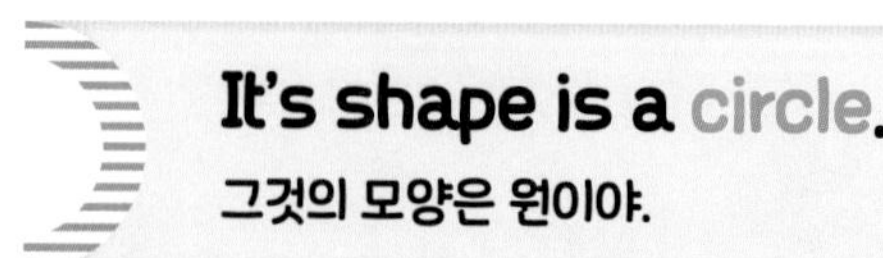

It's shape is a circle.
그것의 모양은 원이야.

Read & Choose

A 다음 문장을 읽고, 색으로 된 단어에 맞는 우리말 뜻을 고르세요.

문장 듣기

1 Its shape is an oval. ········· 타원 / 원

2 Its shape is a triangle. ········· 직사각형 / 삼각형

3 Its shape is a circle. ········· 원 / 정사각형

4 Its shape is a rectangle. ········· 타원 / 직사각형

5 Its shape is a square. ········· 삼각형 / 정사각형

배운 단어로 문장을 이해해요!

- 사물의 모양(shape)을 묘사할 때는 Its shape is a[an] ~.로 쓰며, '~'에는 모양을 나타내는 단어들이 와요.
- its(그것의)는 특정한 사물에 대한 질문에 답을 할 때 그 사물을 대신 받는 말이에요.

  A What shape is the table? 그 탁자는 어떤 모양이니?

  B Its shape is a rectangle. 그것의 모양은 직사각형이야.

정답 114쪽

Look & Write

B

다음 그림에 맞게 주어진 철자를 배열하여 문장을 완성하세요.

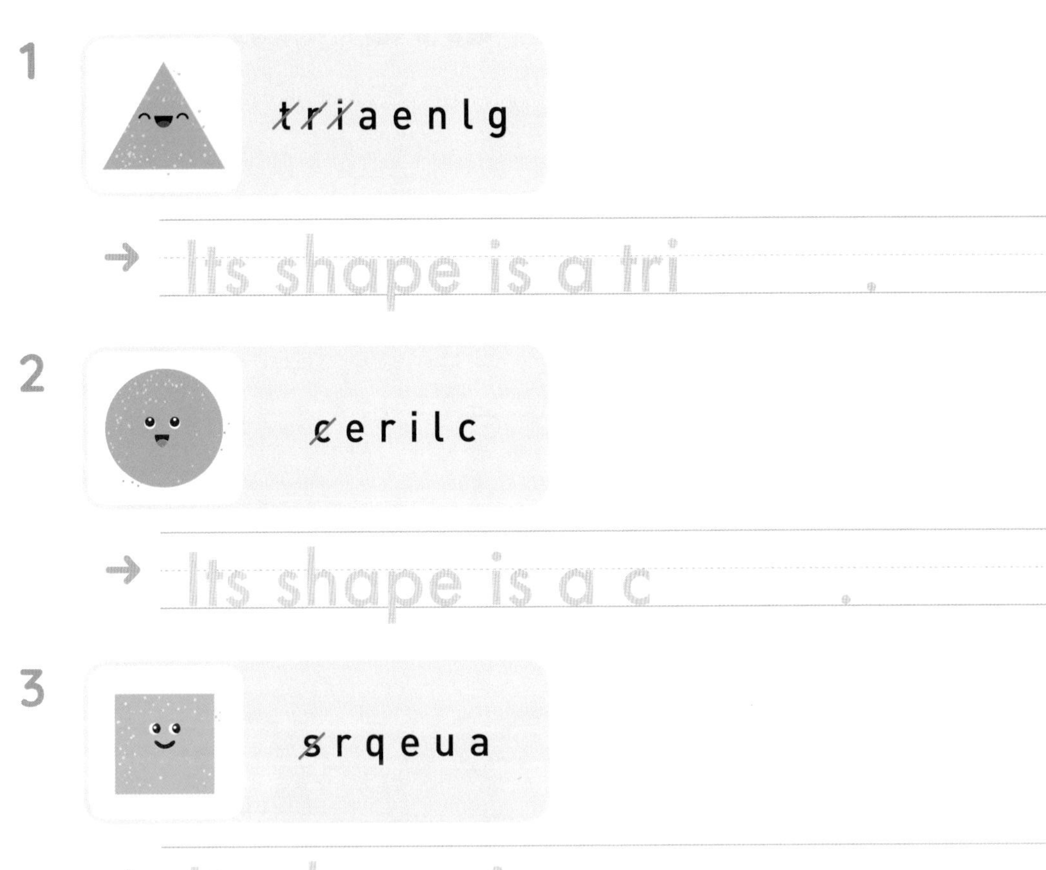

1
t r i a e n l g
→ Its shape is a tri .
2
c e r i l c
→ Its shape is a c .
3
s r q e u a
→ Its shape is a s .

Write & Speak

C

다음 카드를 이용하여 우리말에 맞게 문장을 완성한 후, 큰 소리로 읽으세요.

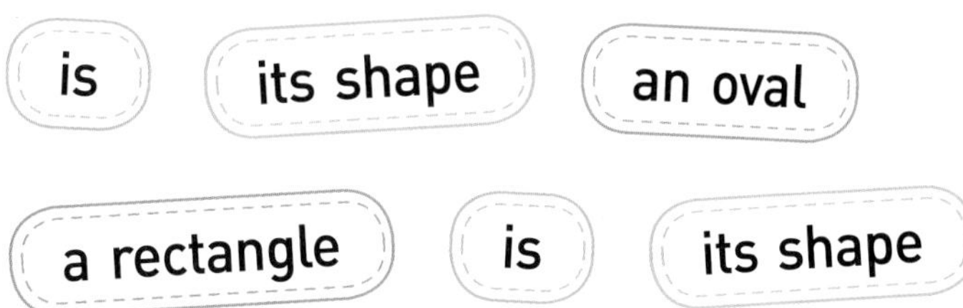

1 그것의 모양은 직사각형이야.

2 그것의 모양은 타원이야.

I'm in the sixth grade.

단어를 배워요

Listen & Speak

A 다음 그림 카드를 보면서 단어와 우리말 뜻을 함께 듣고 따라 말하세요.

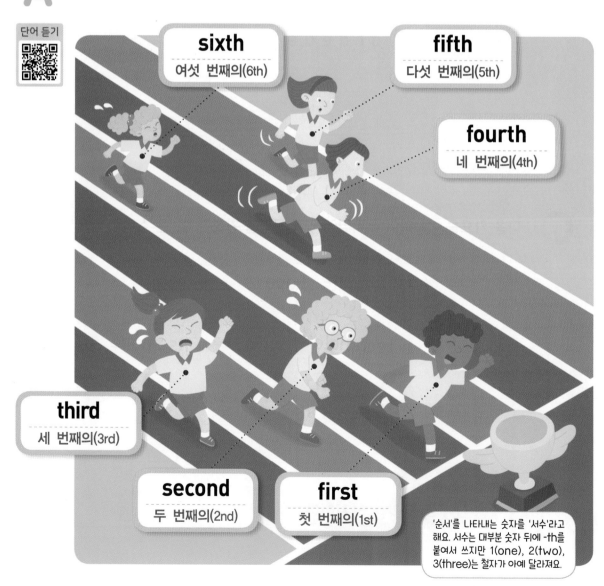

단어 듣기

'순서'를 나타내는 숫자를 '서수'라고 해요. 서수는 대부분 숫자 뒤에 -th를 붙여서 쓰지만 1(one), 2(two), 3(three)는 철자가 아예 달라져요.

Speak & Write

B 다음 단어를 읽고 빠진 철자를 채운 후, 단어와 우리말 뜻을 쓰세요.

first [뻐어r스ㅌ] → f□r□t

first 뜻

second [쎄컨드] → □ec□n□

second 뜻

third [써어r드] → t□i□d

third 뜻

fourth [뽀오r쓰] → four□□

fourth 뜻

fifth [삐프ㅆ] → f□□th

fifth 뜻

sixth [씩쓰ㅆ] → □i□th

sixth 뜻

C 문장으로 확인해요

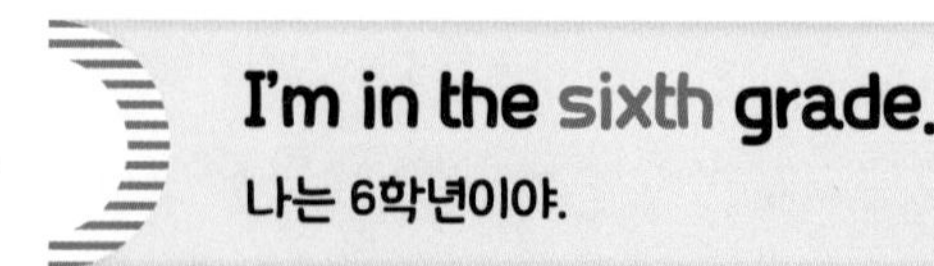

I'm in the sixth grade.
나는 6학년이야.

Read & Choose

A 다음 문장을 읽고, 색으로 된 단어에 맞는 우리말 뜻을 고르세요.

문장 듣기

1 I'm in the **fifth** grade. ········ 네 번째의 / 다섯 번째의

2 I'm in the **first** grade. ········ 두 번째의 / 첫 번째의

3 I'm in the **fourth** grade. ········ 네 번째의 / 여섯 번째의

4 I'm in the **third** grade. ········ 다섯 번째의 / 세 번째의

5 I'm in the **sixth** grade. ········ 여섯 번째의 / 첫 번째의

6 I'm in the **second** grade. ········ 두 번째의 / 세 번째의

배운 단어로 문장을 이해해요!

- 자신이 몇 학년인지를 밝힐 때는 I'm in the 서수 grade. 로 써요.
- I'm은 I am의 줄임말이고, grade는 '학년'이라는 뜻으로 서수와 함께 쓰여 '나는 ~번째 학년이야'를 뜻해요.
- 학년을 묻고 답할 때는 어느 학년에 속해 있는지를 나타내는 in(~안에 있는)을 꼭 써야 해요.

  A What grade are you in? 너는 몇 학년이니?

  B I'm in the third grade. 나는 3학년이야.

정답 114쪽

Choose & Write

B 다음에서 알맞은 단어를 골라 우리말에 맞게 문장을 완성하세요.

fifth	first	fourth	third	sixth	second

1
2nd Grade
Ron
나는 2학년이야.
I'm in the grade.
2
5th Grade
Sally
나는 5학년이야.
I'm in the grade.
3
6th Grade
Jim
나는 6학년이야.
I'm in the grade.

Write & Speak

C 다음 우리말에 맞게 카드를 배열한 후, 완성된 문장을 큰 소리로 읽으세요.

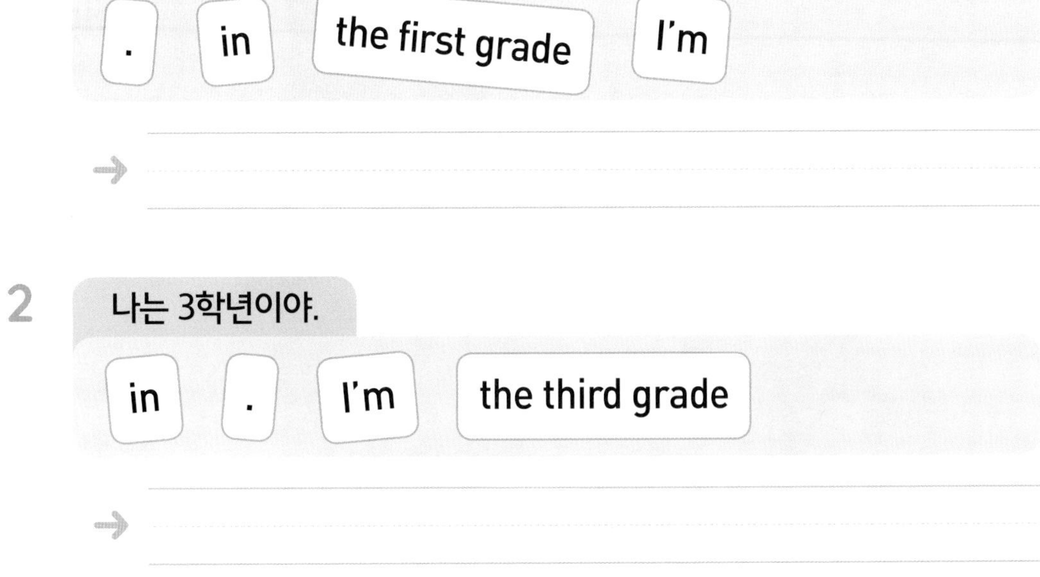

It's on the seventh floor.

Listen & Speak

A 다음 그림 카드를 보면서 단어와 우리말 뜻을 함께 듣고 따라 말하세요.

단어 듣기

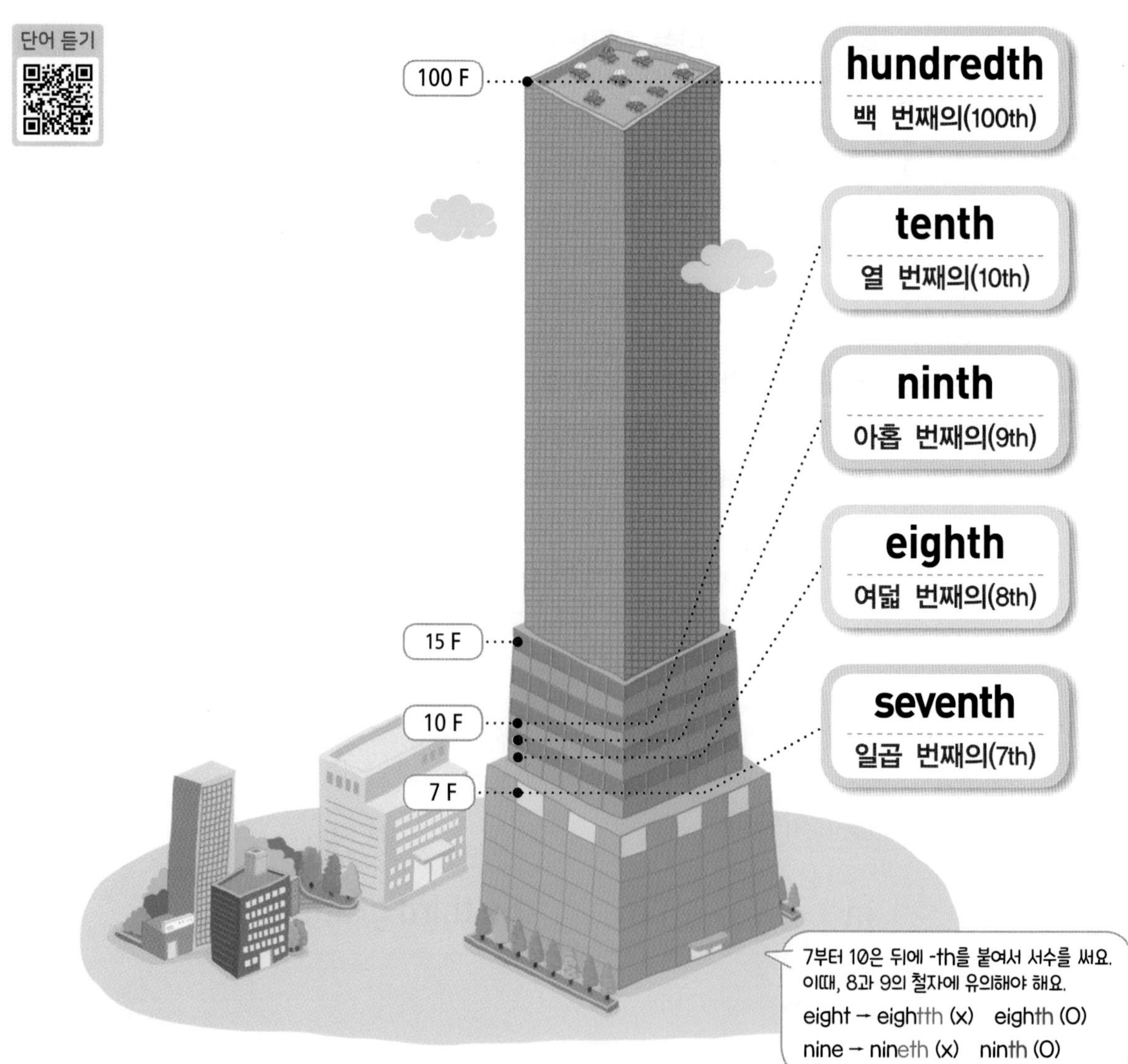

7부터 10은 뒤에 -th를 붙여서 서수를 써요. 이때, 8과 9의 철자에 유의해야 해요.
eight → eighth (x) eighth (O)
nine → nineth (x) ninth (O)

Speak & Write

B 다음 단어를 읽고 빠진 철자를 채운 후, 단어와 우리말 뜻을 쓰세요.

seventh [쎄븐ㅆ] → se□en□□

seventh

뜻

eighth [에이ㅆ] → □□ghth

gh는 소리가 나지 않아요.

eighth

뜻

ninth [나인ㅆ] → n□□th

ninth

뜻

tenth [텐ㅆ] → □e□th

tenth

뜻

[헌드레드ㅆ]

hundredth → hu□dr□d□□

hundredth

뜻

C 문장으로 확인해요

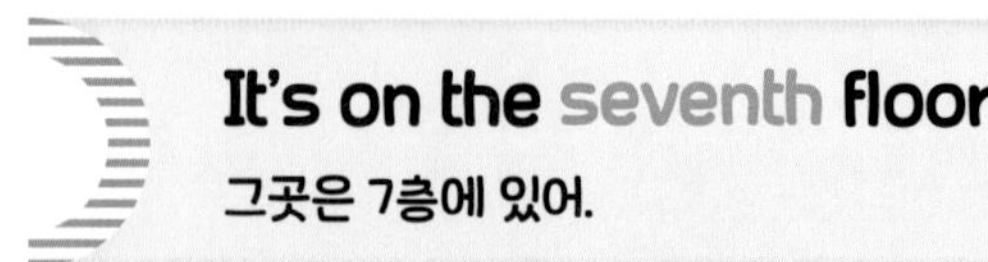

It's on the seventh floor.
그곳은 7층에 있어.

Read & Write

A 다음 문장을 읽고, 색으로 된 단어에 맞는 우리말 뜻을 골라 쓰세요.

문장 듣기

~~일곱 번째의 - 7층~~	여덟 번째의 - 8층	아홉 번째의 - 9층
열 번째의 - 10층	백 번째의 - 100층	

1 It's on the **seventh** floor. ····· 그곳은 일곱 번째의 층 (7층)에 있어.

2 It's on the **hundredth** floor. ····· 그곳은 ________ 층 (   )에 있어.

3 It's on the **ninth** floor. ····· 그곳은 ________ 층 (   )에 있어.

4 It's on the **tenth** floor. ····· 그곳은 ________ 층 (   )에 있어.

5 It's on the **eighth** floor. ····· 그곳은 ________ 층 (   )에 있어.

배운 단어로 문장을 이해해요!

- 어떤 장소가 건물의 몇 층에 있는지를 말할 때는 It's on the 서수 floor.로 써요.
- It's는 It is의 줄임말이고, floor는 '층'이라는 뜻으로 서수와 함께 와서 '~번째 층(~층)'이라는 의미를 나타내요.
- 층수를 묻고 답할 때는 on(~위에 있는)을 꼭 써야 해요.

  A What floor is your office on? 네 사무실은 몇 층에 있니?

  B It's on the tenth floor. 그곳은 10층에 있어.

정답 115쪽

Look & Write

B 다음 그림에 맞게 주어진 철자를 배열하여 문장을 완성하세요.

Write & Speak

C 다음 우리말에 맞게 카드를 배열한 후, 완성된 문장을 큰 소리로 읽으세요.

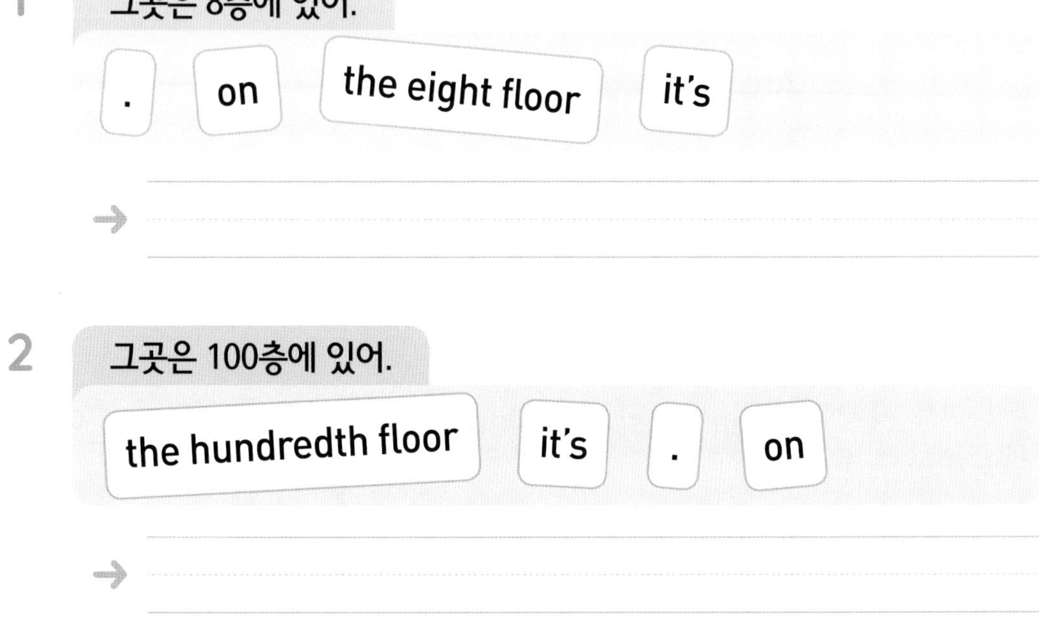

Review | 06 - 10 |

(공부한 날짜 월 일)

A 단어 발음을 듣고, 우리말 뜻에 맞는 카드를 찾아 단어를 완성하세요.

단어 듣기

-gyptian -lbow -riangle -econd

-ndian -inth -ape -ectangle

1 모양 sh________ 2 삼각형 t________

3 팔꿈치 e________ 4 인도인의 I________

5 직사각형 r________ 6 두 번째의 s________

7 이집트인의 E________ 8 아홉 번째의 n________

B 다음 문장을 우리말로 표현할 때 빈칸에 알맞은 우리말 뜻을 쓰세요.

1 Are you **Vietnamese**? 너는 ________니?

2 My **ankle** hurts. 나의 ________이 아파.

3 Its shape is an **oval**. 그것의 모양은 ________이야.

4 I'm in the **sixth grade**. 나는 ________이야.

5 It's on the **hundredth floor**. 그곳은 ________에 있어.

정답 115쪽

Let's Play

C 우리말 뜻이나 그림에 맞는 단어로 퍼즐을 완성하세요.

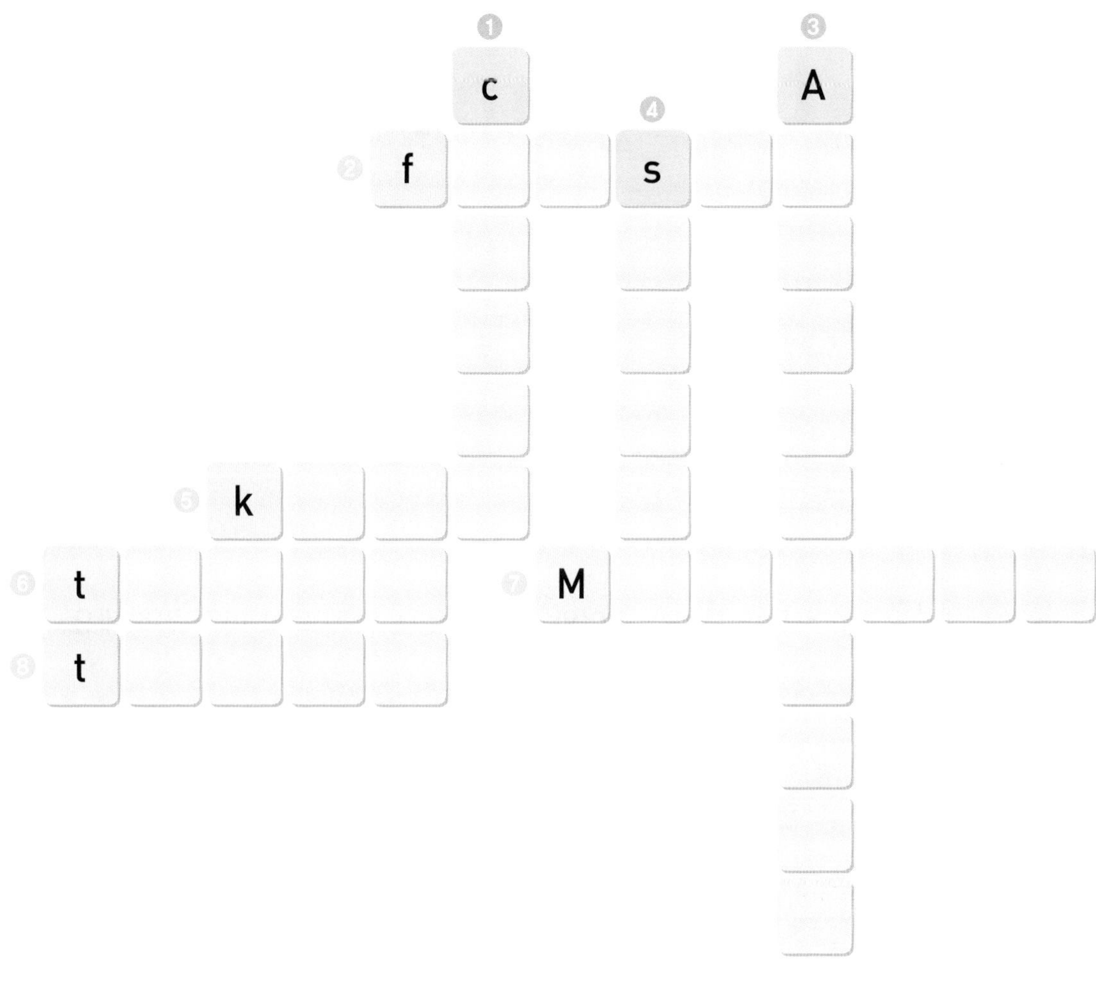

Across (가로)

2 첫 번째의

5 무릎

6 세 번째의

7 멕시코인의

8 열 번째의

Down (세로)

1 

3 호주인의

4 

Self-check! 자신이 외운 06~10의 단어 개수 ☐ 1~9개 ☐ 10~20개 ☐ 21~27개

How can I get to the gym?

단어를 배워요

Listen & Speak

A 다음 그림 카드를 보면서 단어와 우리말 뜻을 함께 듣고 따라 말하세요.

단어 듣기

gym
체육관

restaurant
음식점, 식당

supermarket
슈퍼마켓

airport
공항

city hall
시청

Speak & Write

B 다음 단어를 읽고 빠진 철자를 채운 후, 단어와 우리말 뜻을 쓰세요.

[짐]
gym → g☐☐
gym
뜻

[레스트런ㅌ]
restaurant → ☐e☐taur☐nt
restaurant
뜻

[수우퍼r마아r키ㅌ]
supermarket → su☐☐rmar☐et
supermarket
뜻

[에어r포오rㅌ]
airport → ☐☐r☐ort
airport
뜻

[씨티 허얼]
city hall → cit☐ ☐a☐l
city hall
뜻

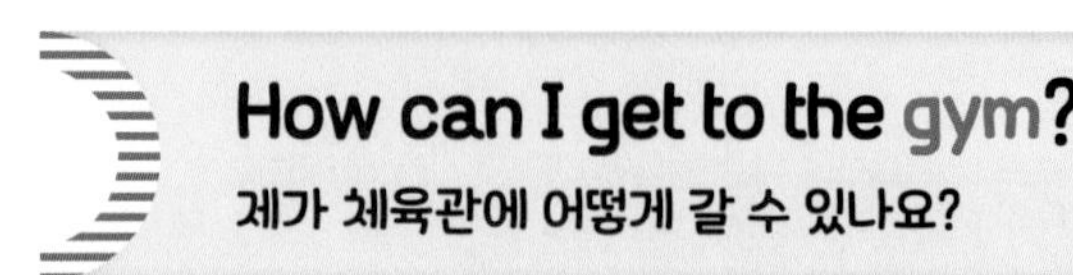

Read & Match

A 다음 그림에 맞게 색으로 된 알맞은 단어와 우리말 뜻을 연결하세요.

문장 듣기

1		How can I get to the **airport**?	음식점
2		How can I get to the **city hall**?	체육관
3		How can I get to the **gym**?	공항
4		How can I get to the **restaurant**?	슈퍼마켓
5		How can I get to the **supermarket**?	시청

배운 단어로 문장을 이해해요!

- 특정 장소로 가는 길을 물을 때는 How can I get to + 장소?를 사용하여 '제가 ~에 어떻게 갈 수 있나요?'라고 말할 수 있어요.
- how는 '어떻게'라는 뜻으로 '방법'을 나타내고, get to는 '~에 가다, ~에 이르다'라는 의미예요.
- How can I get to + 장소?는 Where is + 장소?로도 바꿔 쓸 수 있어요.

  ex How can I get to the supermarket? 저는 슈퍼마켓에 어떻게 갈 수 있나요?
  = Where is the supermarket? 슈퍼마켓은 어디에 있나요?

정답 116쪽

Choose & Write

B 다음 우리말에 맞게 알맞은 단어를 골라 문장을 완성하세요.

1 제가 공항에 어떻게 갈 수 있나요? supermarket | airport

→ How can I get to the ______?

2 제가 음식점에 어떻게 갈 수 있나요? restaurant | gym

→ How can I get to the ______?

3 제가 시청에 어떻게 갈 수 있나요? hall city | city hall

→ How can I get to the ______?

Write & Speak

C 다음 카드를 이용하여 우리말에 맞게 문장을 완성한 후, 큰 소리로 읽으세요.

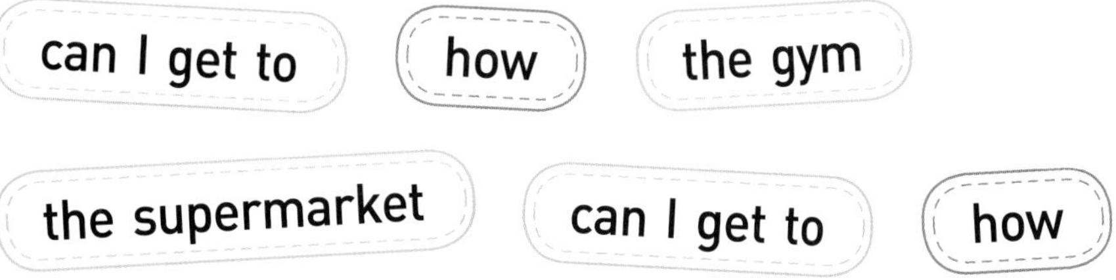

1 제가 체육관에 어떻게 갈 수 있나요?

2 제가 슈퍼마켓에 어떻게 갈 수 있나요?

12 Go straight.

단어를 배워요

Listen & Speak

A 다음 그림 카드를 보면서 단어와 우리말 뜻을 함께 듣고 따라 말하세요.

단어 듣기

straight
곧장, 직진하여

right
오른쪽으로

left
왼쪽으로

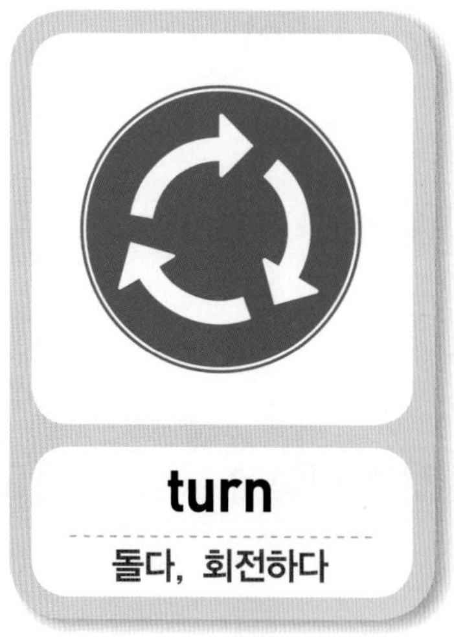

turn
돌다, 회전하다

block
블록, 구역

Speak & Write

B 다음 단어를 읽고 빠진 철자를 채운 후, 단어와 우리말 뜻을 쓰세요.

[스트레이ㅌ]

straight → s□r□□ght

gh는 소리가 나지 않아요.

straight

뜻

right [라이ㅌ] → ri□□t

right

뜻

left [레프ㅌ] → □□ft

left

뜻

turn [터r언] → □u□n

turn

뜻

block [블라ㅋ] → b□o□□

block

뜻

문장으로 확인해요

Read & Choose

A 다음 문장을 읽고, 색으로 된 단어에 맞는 우리말 뜻을 고르세요.

문장 듣기

1 Turn **left**. .... 오른쪽으로 / 왼쪽으로

2  Go **straight**. .... 직진하여 / 돌다

3  Turn **right**. .... 왼쪽으로 / 오른쪽으로

4  **Turn** left. .... 가다 / 돌다

5 

Go straight one **block**. .... 블록 / 직진하여

배운 단어로 문장을 이해해요!

- 길을 안내할 때는 'Go/Turn + 방향을 나타내는 단어'를 이용하여 표현할 수 있어요.
- 보다 상세한 위치를 알려 주려면 block((도로로 나뉘는) 구역, 블록)을 써서 one block, two blocks, three blocks... 등으로 표현할 수 있어요.
- go, turn, 방향을 나타내는 단어(straight/right/left), block을 활용하여 다양한 길 안내 표현을 쓸 수 있어요.
  A How can I get to the gym? 제가 체육관에 어떻게 갈 수 있나요?
  B Turn left and go straight two blocks. 왼쪽으로 돌아 두 블록을 직진해서 가세요.

정답 116쪽

Choose & Write

B 다음에서 알맞은 단어를 골라 우리말에 맞게 문장을 완성하세요.

right	block	left	straight

1 왼쪽으로 도세요.

→ Turn ________ .

2 직진해서 가세요.

→ Go ________ .

3 두 블록을 직진해서 가세요.

→ Go straight two ________ s .

Write & Speak

C 다음 우리말에 맞게 카드를 배열한 후, 완성된 문장을 큰 소리로 읽으세요.

1 오른쪽으로 도세요.

right | . | turn

→

2 한 블록을 직진해서 가세요.

one block | straight | . | go

→

《 공부한 날짜 월 일 》

13 Do you believe him?

Listen & Speak

A 다음 그림 카드를 보면서 단어와 우리말 뜻을 함께 듣고 따라 말하세요.

단어 듣기

Speak & Write

B

다음 단어를 읽고 빠진 철자를 채운 후, 단어와 우리말 뜻을 쓰세요.

[빌리이브]

believe → b☐☐ie☐e

believe

뜻

[헤이트]

hate → ☐a☐e

hate

뜻

[미ㅅ]

miss → ☐☐ss

miss

뜻

[언더r스탠드]

understand → ☐n☐erst☐nd

understand

뜻

[리멤버r]

remember → ☐em☐☐b☐r

remember

뜻

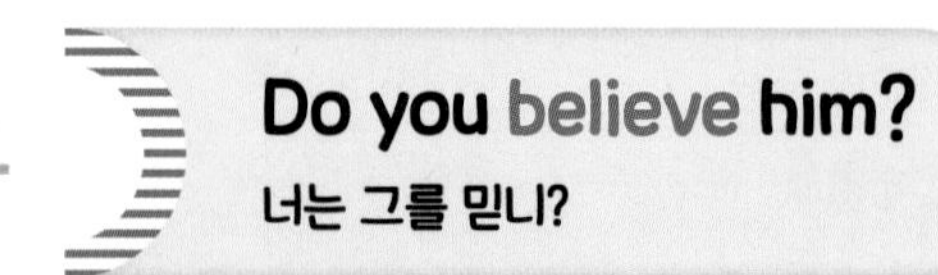

Read & Match

A 다음 그림에 맞게 색으로 된 알맞은 단어와 우리말 뜻을 연결하세요.

1		Do you **hate** him?	믿다
2		Do you **miss** her?	기억하다
3		Do you **believe** him?	싫어하다
4		Do you **remember** him?	이해하다
5		Do you **understand** her?	그리워하다

배운 단어로 문장을 이해해요!

- 상대방에게 '너는 그[그녀]를 ~하니?'라고 물을 때는 Do you ~ him[her]?로 표현해요.
- 묻는 말에 긍정을 나타낼 때는 Yes, I do., 부정을 나타낼 때는 No, I don't.로 답해요.

  A Do you miss her? 너는 그녀를 그리워하니?

  B Yes, I do. 응, 난 그래(그리워해). / No, I don't. 아니, 난 아니야(그리워하지 않아).
- '~'에는 인식과 감정을 나타내는 다양한 동사들이 올 수 있어요.

  ex Do you know her? 너는 그녀를 아니??

  Do you like him? 너는 그를 좋아하니?

정답 117쪽

Choose & Write

B 다음에서 알맞은 단어를 골라 우리말에 맞게 문장을 완성하세요.

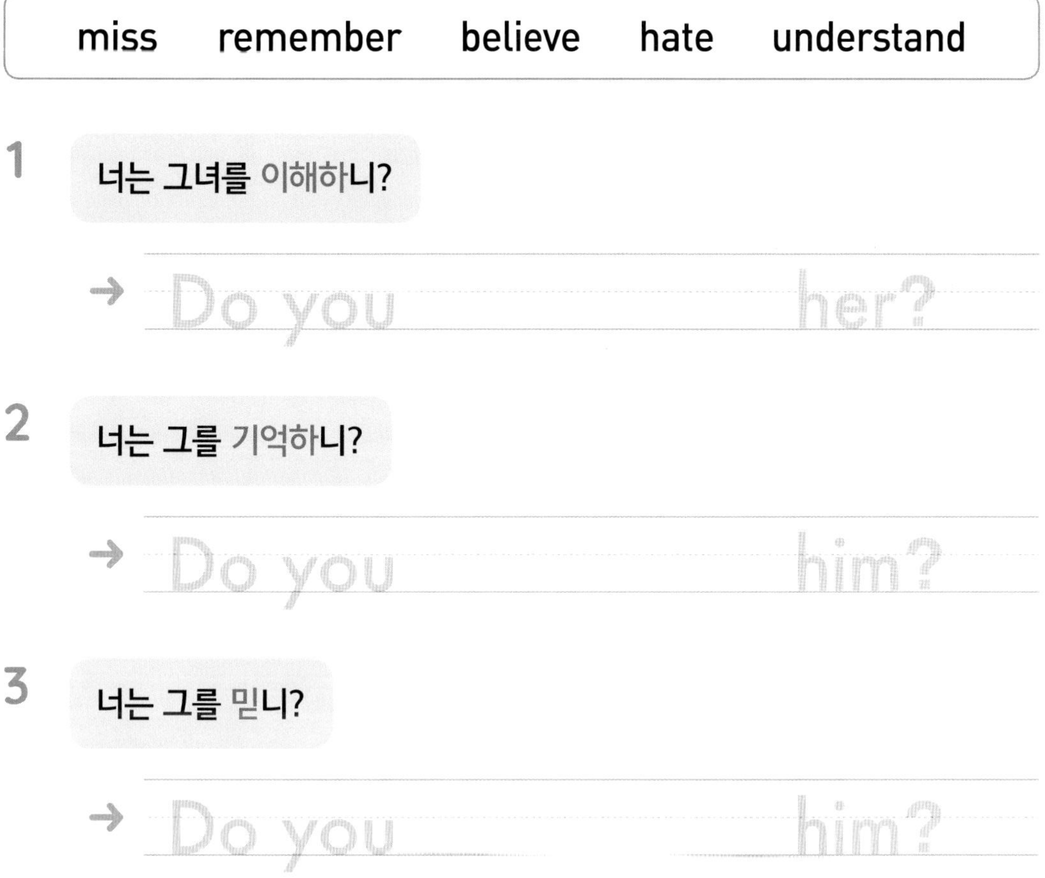

miss remember believe hate understand
1 너는 그녀를 이해하니?
→ Do you her?
2 너는 그를 기억하니?
→ Do you him?
3 너는 그를 믿니?
→ Do you him?

Write & Speak

C 다음 우리말에 맞게 카드를 배열한 후, 완성된 문장을 큰 소리로 읽으세요.

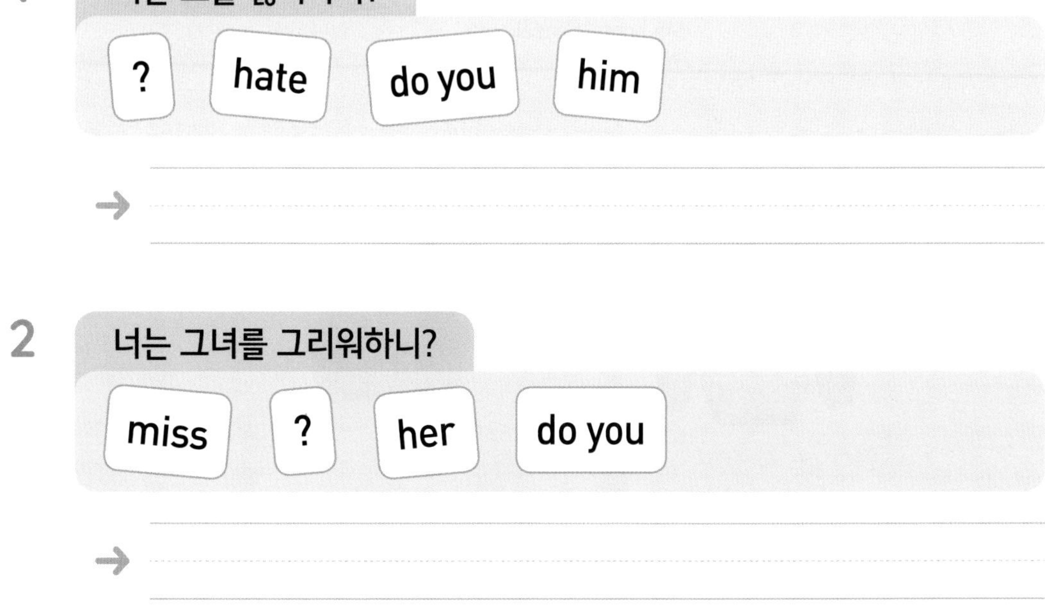

《 공부한 날짜　　월　　일 》

I love your boots.

Listen & Speak

A 다음 그림 카드를 보면서 단어와 우리말 뜻을 함께 듣고 따라 말하세요.

단어 듣기

두 개가 짝을 이루어야 하나가 되는 boots나 sneakers는 뒤에 -s를 붙여요.

Speak & Write

B 다음 단어를 읽고 빠진 철자를 채운 후, 단어와 우리말 뜻을 쓰세요.

boots [부우츠] → _oo_s

↳ t의 'ㅌ'와 s의 'ㅅ'가 만나 'ㅊ' 소리가 나요.

boots 뜻

sneakers [스니이커r즈] → s_eak__s

sneakers 뜻

blouse [블라우ㅅ] → b__use

blouse 뜻

sweater [스웨러r] → __ea_e_

↳ 뒤에 'r'이 오면 'ㄹ'로 발음해요.

sweater 뜻

vest [베스ㅌ] → _es_

vest 뜻

clothes [클로우즈] → c__thes

clothes 뜻

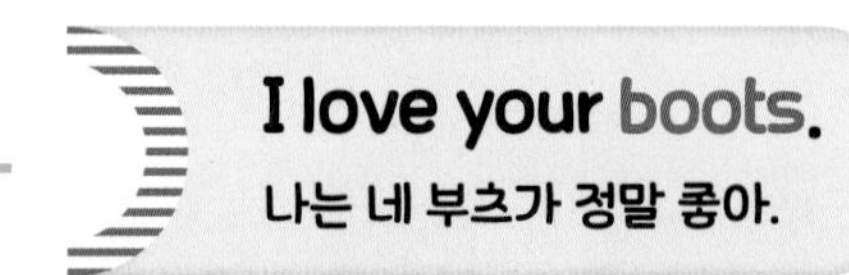

Read & Match

A 다음 그림에 맞게 색으로 된 알맞은 단어와 우리말 뜻을 연결하세요.

1		I love your sweater.	조끼
2		I love your boots.	블라우스
3		I love your sneakers.	부츠
4		I love your vest.	운동화
5		I love your blouse.	스웨터

배운 단어로 문장을 이해해요!

- I love your ~.는 상대방에 대한 칭찬을 하거나 호감을 표현할 때 쓰는 말로, 우리말로는 '너의 ~이 정말 좋아'로 해석하지만, '너의 ~이 정말 예쁘다'라는 의미를 나타내요.
- 의복을 뜻하는 단어 대신 신체 부위, 소지품 등을 넣어 표현할 수도 있어요.

  ex I love your eyes. 나는 네 눈이 정말 좋아.
  I love your smartphone. 나는 네 스마트폰이 정말 좋아.

정답 117쪽

Choose & Write

B 다음 우리말에 맞게 알맞은 단어를 골라 문장을 완성하세요.

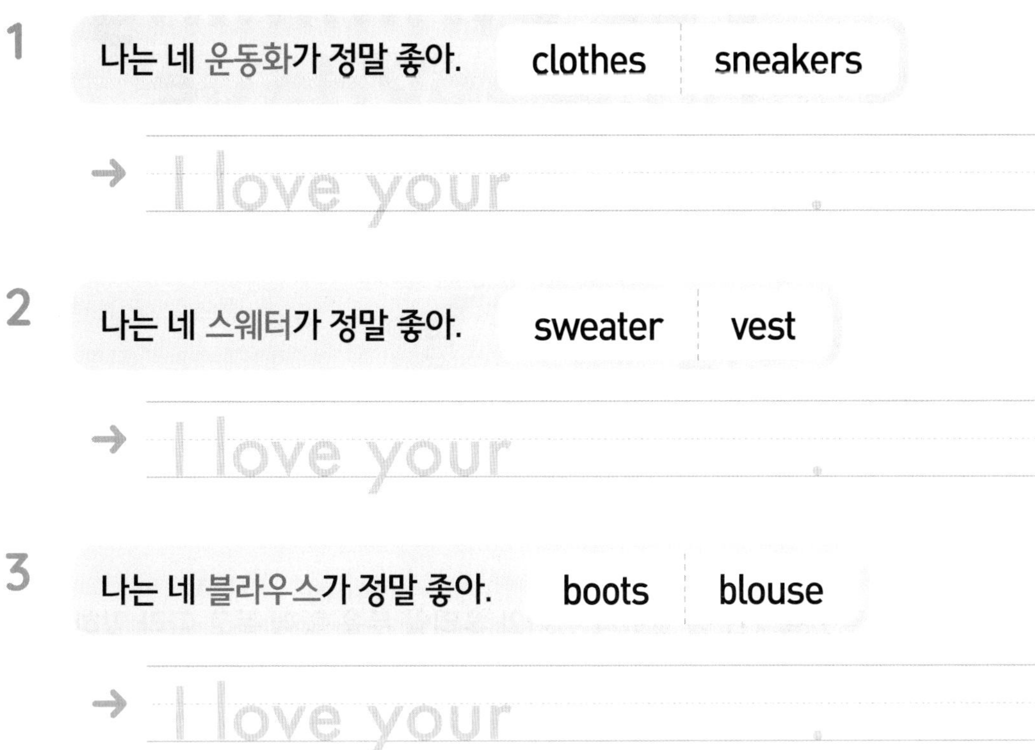

1 나는 네 운동화가 정말 좋아.
clothes
sneakers
→ I love your .
2 나는 네 스웨터가 정말 좋아.
sweater
vest
→ I love your .
3 나는 네 블라우스가 정말 좋아.
boots
blouse
→ I love your .

Write & Speak

C 다음 우리말에 맞게 카드를 배열한 후, 완성된 문장을 큰 소리로 읽으세요.

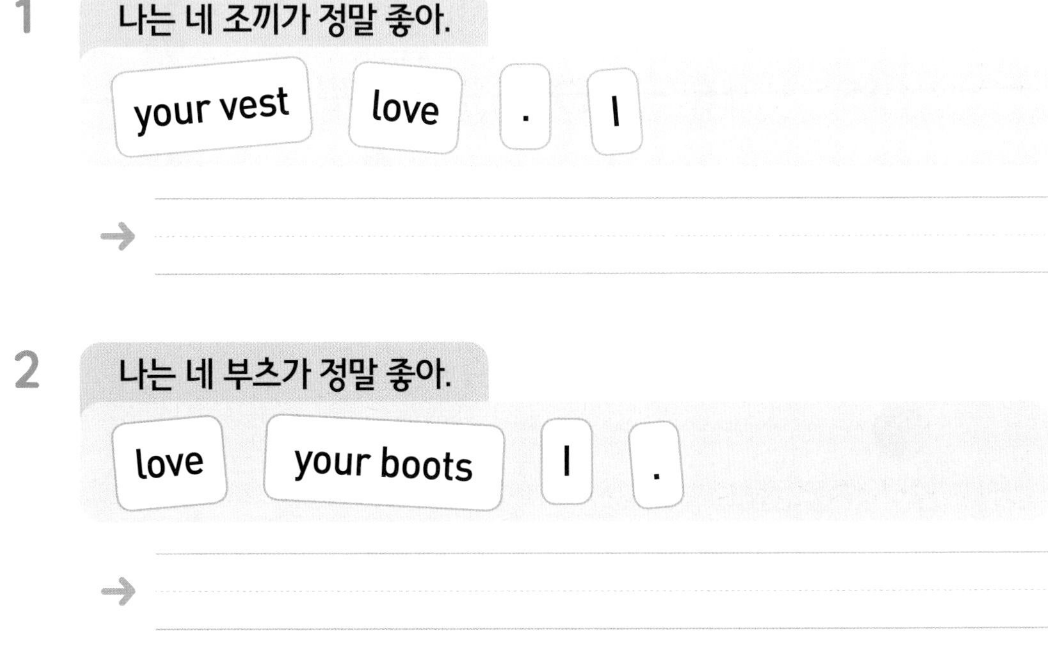

1 나는 네 조끼가 정말 좋아.
your vest
love
.
I
→
2 나는 네 부츠가 정말 좋아.
love
your boots
I
.
→

15 I go swimming on weekdays.

Listen & Speak

A 다음 그림 카드를 보면서 단어와 우리말 뜻을 함께 듣고 따라 말하세요.

단어 듣기

MONDAY	TUESDAY	WEDNESDAY	THURSDAY	FRIDAY	SATURDAY	SUNDAY
1	2	3	4	5	6	7
8	9	10	11	12	13	14
15	16	17	18	19	20	21
22	23	24	25 D-day	26	27	28
29	30	31				

weekday 평일

weekend 주말

yesterday 어제

today 오늘

tomorrow 내일

Speak & Write

B 다음 단어를 읽고 빠진 철자를 채운 후, 단어와 우리말 뜻을 쓰세요.

[위잌데이]

weekday → □eek□ay

weekday

뜻

[위잌엔드]

weekend → wee□en□

weekend

뜻

[투데이]

today → □o□ay

today

뜻

[예스터r데이]

yesterday → ye□t□□day

yesterday

뜻

[투머로오우]

tomorrow → □□mo□row

tomorrow

뜻

C 문장으로 확인해요

I go swimming on weekdays.
나는 평일에 수영하러 가.

Read & Write

A 다음 문장을 읽고, 색으로 된 단어에 맞는 우리말 뜻을 골라 쓰세요.

문장 듣기

내일	주말	오늘	평일	어제

1 I'm going swimming today. …… 나는 ________ 수영하러 가.

2 I go swimming on weekdays. …… 나는 ________에 수영하러 가.

3 I went swimming yesterday. …… 나는 ________ 수영하러 갔었어.

4 I go swimming on weekends. …… 나는 ________에 수영하러 가.

5 I will go swimming tomorrow. …… 나는 ________ 수영하러 갈 거야.

배운 단어로 문장을 이해해요!

- 과거 또는 현재의 일이나 미래의 계획을 말할 때는 뒤에 특정한 시점을 나타내는 단어를 써서 표현해요.
- 여러 날이 합쳐진 '주말에'나 '평일에'는 앞에 on을 쓰고 단어에 -s를 붙여, on weekdays, on weekends로 써요.
- go의 형태를 바꾸어 '갔었다', '간다', '갈 것이다'를 표현할 수 있어요.

ex I went to school. 나는 학교에 갔었다.
I go to school. / I'm going to school. 나는 학교에 간다.
I will go to school. 나는 학교에 갈 것이다.

정답 118쪽

Choose & Write

B 다음에서 알맞은 단어를 골라 우리말에 맞게 문장을 완성하세요.

today	tomorrow	weekday	yesterday	weekend

1 나는 주말에 수영하러 가.

→ I go swimming on ______s.

2 나는 어제 수영하러 갔었어.

→ I went swimming ______.

3 나는 오늘 수영하러 갈 거야.

→ I'm going swimming ______.

Write & Speak

C 다음 카드를 이용하여 우리말에 맞게 문장을 완성한 후, 큰 소리로 읽으세요.

will go swimming | I | tomorrow

I | on weekdays | go swimming

1 나는 평일에 수영하러 가.

2 나는 내일 수영하러 갈 거야.

(공부한 날짜 월 일)

Review | 11 - 15 |

A 단어 발음을 듣고, 우리말 뜻에 맞는 카드를 찾아 단어를 완성하세요.

단어 듣기

-oday　-eft　-omorrow　-ity hall

-upermarket　-ate　-lothes　-esterday

1 어제 y________　　2 시청 c________

3 왼쪽으로 l________　　4 싫어하다 h________

5 오늘 t________　　6 의류 c________

7 슈퍼마켓 s________　　8 내일 t________

B 다음 문장을 우리말로 표현할 때 빈칸에 알맞은 우리말 뜻을 쓰세요.

1 I love your sweater. → 나는 네 ________가 정말 좋아.

2 Do you believe him? → 너는 그를 ________니?

3 I go swimming on weekends. → 나는 ________에 수영하러 가.

4 How can I get to the airport? → 제가 ________에 어떻게 갈 수 있나요?

5 Go straight one block. → 한 ________을 ________ 가세요.

정답 118쪽

Let's Play

C 그림에 알맞은 단어를 쓴 후, 각 번호에 해당하는 알파벳으로 문장을 완성하세요.

1

2

3

4

5

6

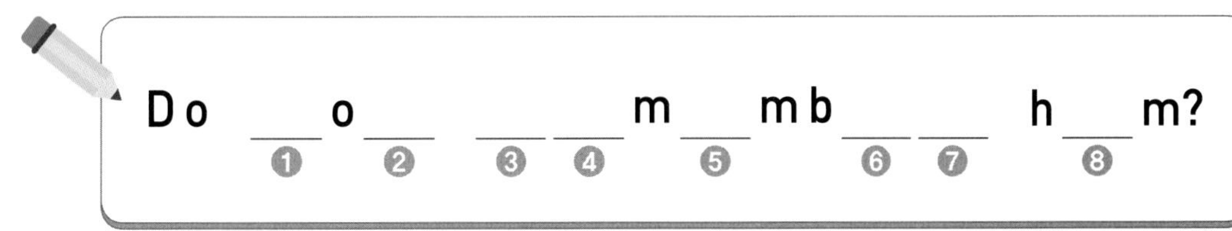

Self-check! 자신이 외운 11~15의 단어 개수 ☐ 1~9개 ☐ 10~19개 ☐ 20~26개

16 That's easy.

Listen & Speak

A 다음 그림 카드를 보면서 단어와 우리말 뜻을 함께 듣고 따라 말하세요.

단어 듣기

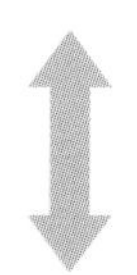

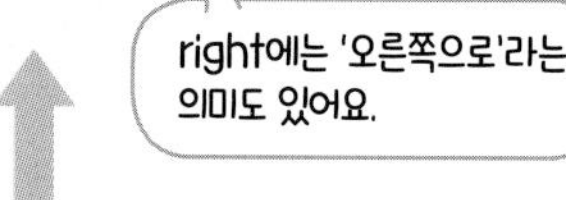

right에는 '오른쪽으로'라는 의미도 있어요.

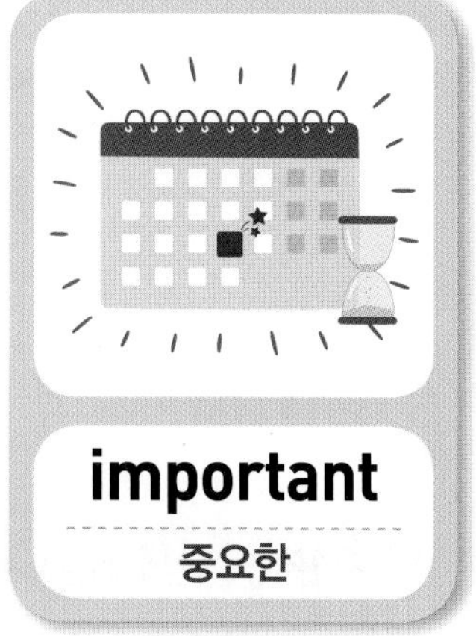

Speak & Write

B 다음 단어를 읽고 빠진 철자를 채운 후, 단어와 우리말 뜻을 쓰세요.

easy [이-지] → □a□y

easy 뜻

difficult [디삐컬ㅌ] → □i□fi□□lt

difficult 뜻

right [라이ㅌ] → ri□□t

right 뜻

wrong [러엉] → w□o□g

wrong 뜻

great [그레이ㅌ] → g□e□t

great 뜻

important [임포오r튼ㅌ] → □m□or□a□t

important 뜻

문장으로 확인해요

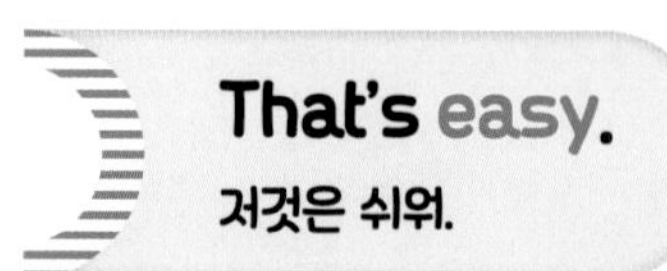

Read & Choose

A 다음 문장을 읽고, 색으로 된 단어에 맞는 우리말 뜻을 고르세요.

문장 듣기

1 That's easy. .... 중요한 / 쉬운

2 That's great. .... 훌륭한 / 맞은

3 That's wrong. .... 틀린 / 어려운

4 That's difficult. .... 쉬운 / 어려운

5 That's important. .... 훌륭한 / 중요한

6 That's right. .... 맞은 / 틀린

배운 단어로 문장을 이해해요!

- That's ~.는 '저것은 ~해'의 의미로 자신의 의견을 말할 때 쓰는 표현이에요.
- That's는 That is의 줄임말로 is 대신 아포스트로피(')를 이용하여 's로 쓸 수 있어요.
- '~'에는 의견을 나타내는 다양한 표현들이 올 수 있어요.
  ex That's good. 저것은 좋아. / That's strange. 저것은 이상해.

정답 119쪽

Choose & Write

B 다음 우리말에 맞게 알맞은 단어를 골라 문장을 완성하세요.

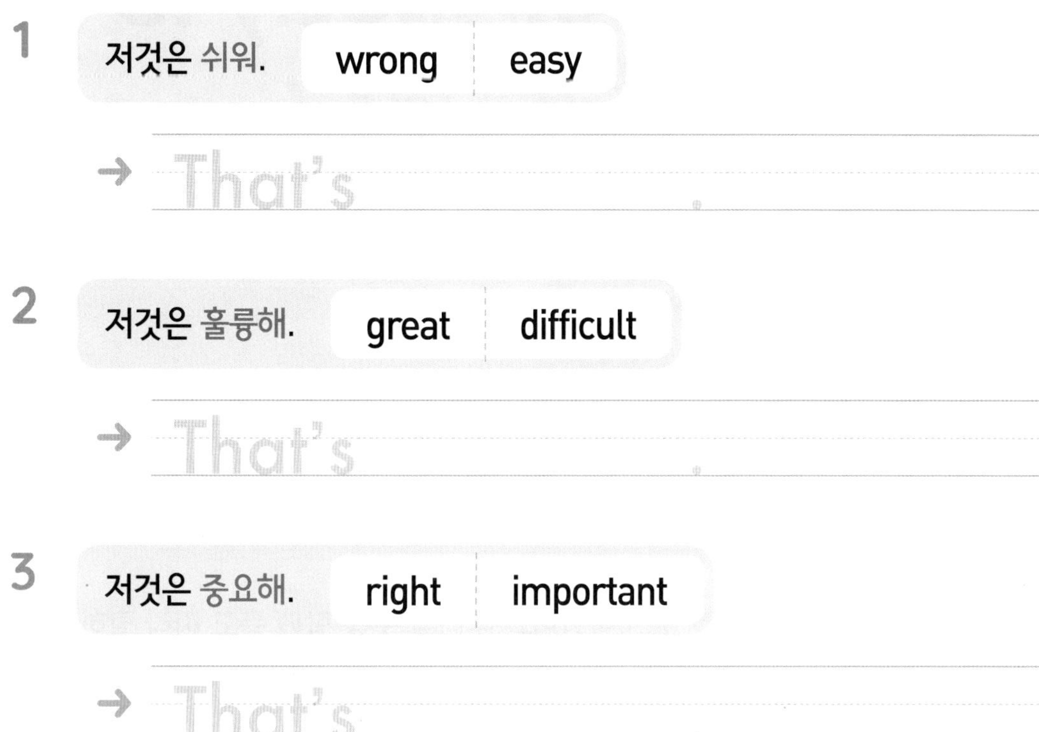

1 저것은 쉬워. wrong easy
→ That's .
2 저것은 훌륭해. great difficult
→ That's .
3 저것은 중요해. right important
→ That's .

Write & Speak

C 다음 우리말에 맞게 카드를 배열한 후, 완성된 문장을 큰 소리로 읽으세요.

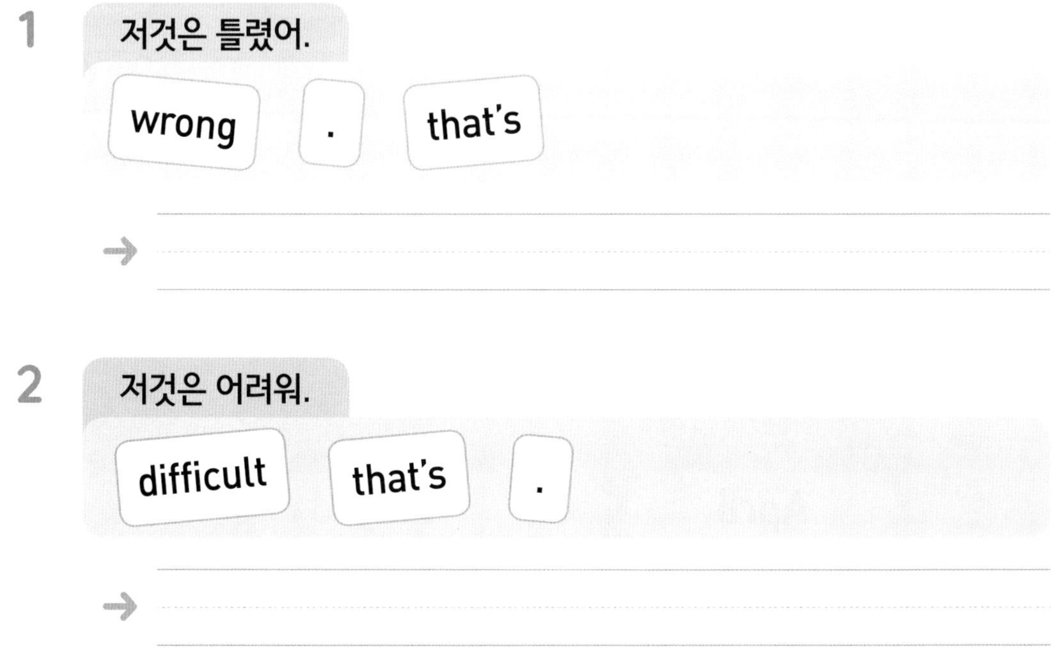

1 저것은 틀렸어.
wrong
.
that's
→
2 저것은 어려워.
difficult
that's
.
→

17 My birthday is in January.

단어를 배워요

Listen & Speak

A 다음 그림 카드를 보면서 단어와 우리말 뜻을 함께 듣고 따라 말하세요.

단어 듣기

January
(약자: Jan.)
1월

February
(약자: Feb.)
2월

March
(약자: Mar.)
3월

달을 뜻하는 단어는 대문자로 시작하고, 네 자 이상일 때는 약자로 줄여 쓸 수도 있어요.

April
(약자: Apr.)
4월

May
(약자: x)
5월

June
(약자: Jun.)
6월

Speak & Write

B 다음 단어를 읽고 빠진 철자를 채운 후, 단어와 우리말 뜻을 쓰세요.

두 개의 발음이 합쳐져 '쥬'로 들려요.
[주애뉴에리]
January → □an□a□y
January
뜻
[뻬브류에리]
February → F□□rua□y
February
뜻
[마아r취]
March → Mar□□
March
뜻
[에이쁘럴]
April → □pri□
April
뜻
[메이]
May → □a□
May
뜻
[주운]
June → J□□e
June
뜻

C 문장으로 확인해요

My birthday is in January.
나의 생일은 1월에 있어.

Read & Choose

A 다음 문장을 읽고, 색으로 된 단어에 맞는 우리말 뜻을 고르세요.

문장 듣기

1 My birthday is in May. .... 4월 / 5월

2 My birthday is in June. .... 3월 / 6월

3 My birthday is in April. .... 4월 / 6월

4 My birthday is in March. .... 2월 / 3월

5 My birthday is in January. .... 1월 / 4월

6 My birthday is in February. .... 1월 / 2월

배운 단어로 문장을 이해해요!

- 자신의 생일이 몇 월에 있는지를 말하고자 할 때는 My birthday is in + 월. 로 표현해요.
- 생일이 포함되어 있는 달을 묻고 답할 때는 in(~안에 있는)을 꼭 써야 해요.

A What month is your birthday in? 네 생일은 몇 월에 있니?
B My birthday is in April. 나의 생일은 4월에 있어.

정답 119쪽

Look & Write

B 다음 그림에 맞게 주어진 철자를 배열하여 문장을 완성하세요.

1 

→ My birthday is in Feb________.

2 Apr.

Arilp

→ My birthday is in A________.

3 Jan.

Jaanuyr

→ My birthday is in Ja________.

Write & Speak

C 다음 카드를 이용하여 우리말에 맞게 문장을 완성한 후, 큰 소리로 읽으세요.

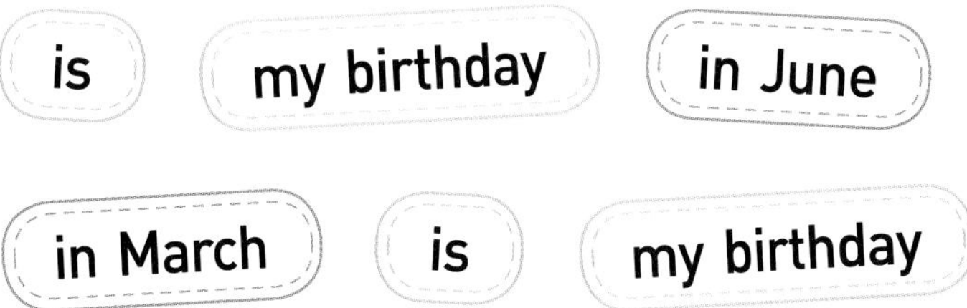

1 나의 생일은 3월에 있어.

____

2 나의 생일은 6월에 있어.

____

(공부한 날짜 월 일)

18 My dad's birthday is in July.

단어를 배워요

Listen & Speak

A 다음 그림 카드를 보면서 단어와 우리말 뜻을 함께 듣고 따라 말하세요.

단어 듣기

July
(약자: Jul.)
7월

August
(약자: Aug.)
8월

September
(약자: Sep.)
9월

11월 4번째 목요일은 미국의 큰 명절인 Thanksgiving Day(추수감사절)로, 1년 동안의 추수에 대해 신께 감사드리는 기념일이에요.

October
(약자: Oct.)
10월

November
(약자: Nov.)
11월

December
(약자: Dec.)
12월

Speak & Write

B

다음 단어를 읽고 빠진 철자를 채운 후, 단어와 우리말 뜻을 쓰세요.

July [주울라이] → □u□y

July 뜻

August [어-거스ㅌ] → □ug□st

August 뜻

September [쎕템버r] → Se□t□mbe□

September 뜻

October [악토우버r] → □□t□ber

October 뜻

November [노우벰버r] → No□e□□er

November 뜻

December [디쎔버r] → □e□emb□r

December 뜻

C 문장으로 확인해요

My dad's birthday is in July.
나의 아빠의 생신은 7월에 있어.

Read & Write

A 다음 문장을 읽고, 색으로 된 단어에 맞는 우리말 뜻을 골라 쓰세요.

문장 듣기

7월	8월	9월	10월	11월	12월

1 My mom's birthday is in October.
나의 엄마의 생신은 ________ 에 있어.

2 My dad's birthday is in August.
나의 아빠의 생신은 ________ 에 있어.

3 My mom's birthday is in November.
나의 엄마의 생신은 ________ 에 있어.

4 My dad's birthday is in September.
나의 아빠의 생신은 ________ 에 있어.

5 My mom's birthday is in December.
나의 엄마의 생신은 ________ 에 있어.

6 My dad's birthday is in July.
나의 아빠의 생신은 ________ 에 있어.

배운 단어로 문장을 이해해요!

- 부모님의 생신이 몇 월에 있는지를 말하고자 할 때는 My dad[mom]'s birthday is in＋월.로 표현해요.
- My dad[mom]'s는 '나의 아빠[엄마]의'라는 뜻으로, -'s를 이용하여 '~의'의 의미를 나타낼 수 있어요.
  ex My brother's birthday is in December. 나의 남동생의 생일은 12월에 있어.

정답 120쪽

Choose & Write

B 다음에서 알맞은 단어를 골라 우리말에 맞게 문장을 완성하세요.

September	August	July	December
November	October		

1 8 나의 아빠의 생신은 8월에 있어.

→ My dad's birthday is in .

2 10 나의 엄마의 생신은 10월에 있어.

→ My mom's birthday is in .

3 9 나의 아빠의 생신은 9월에 있어.

→ My dad's birthday is in .

Write & Speak

C 다음 우리말에 맞게 카드를 배열한 후, 완성된 문장을 큰 소리로 읽으세요.

1 나의 엄마의 생신은 12월에 있어.

birthday / . / is / my mom's / in December

→

2 나의 아빠의 생신은 7월에 있어.

in July / is / birthday / . / my dad's

→

19 How often do you watch TV?

단어를 배워요

Listen & Speak

A 다음 그림 카드를 보면서 단어와 우리말 뜻을 함께 듣고 따라 말하세요.

단어 듣기

watch
보다

watch에는 '시계'라는 의미도 있어요.

exercise
운동하다

feed
먹이를 주다

ride
타다

practice
연습하다

Speak & Write

B 다음 단어를 읽고 빠진 철자를 채운 후, 단어와 우리말 뜻을 쓰세요.

watch [와취] → □at□h

watch

뜻

exercise [엑써r싸이즈] → e□e□ci□e

x는 'ㅋ'와 'ㅆ' 소리가 동시에 나요.

exercise

뜻

feed [삐이드] → □ee□

feed

뜻

ride [라이드] → r□d□

ride

뜻

practice [프랙티ㅅ] → p□□ct□ce

practice

뜻

문장으로 확인해요

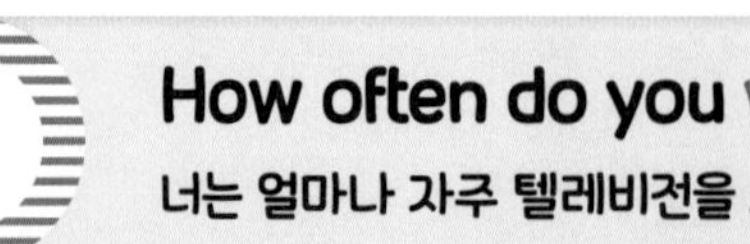

Read & Choose

A 다음 문장을 읽고, 색으로 된 단어에 맞는 우리말 뜻을 고르세요.

문장 듣기

1 How often do you practice the piano? ············ 보다 / 연습하다

2 How often do you feed your fish? ············ 타다 / 먹이를 주다

3 How often do you ride a bike? ············ 타다 / 운동하다

4 How often do you exercise? ············ 연습하다 / 운동하다

5 How often do you watch TV? ············ 보다 / 먹이를 주다

배운 단어로 문장을 이해해요!

- 상대방이 무언가를 얼마나 자주 하는지를 확인하고자 할 때는 How often do you ~?로 물을 수 있어요.
- how often은 '얼마나 자주'라는 의미로, 일의 빈도나 횟수 등을 물을 때 쓰는 표현이에요.
- '~'에 상황에 맞는 여러 표현들을 넣어 다양한 문장을 만들 수 있어요.

  ex How often do you go swimming? 너는 얼마나 자주 수영하러 가니?
  How often do you visit there? 너는 얼마나 자주 거기에 방문하니?

정답 120쪽

Choose & Write

B

다음에서 알맞은 단어를 골라 우리말에 맞게 문장을 완성하세요.

exercise	ride	feed	watch	practice

1 너는 얼마나 자주 네 물고기에게 먹이를 주니?

How often do you ______ your fish?

2 너는 얼마나 자주 텔레비전을 보니?

How often do you ______ TV?

3 너는 얼마나 자주 운동하니?

How often do you ______?

Write & Speak

C

다음 카드를 이용하여 우리말에 맞게 문장을 완성한 후, 큰 소리로 읽으세요.

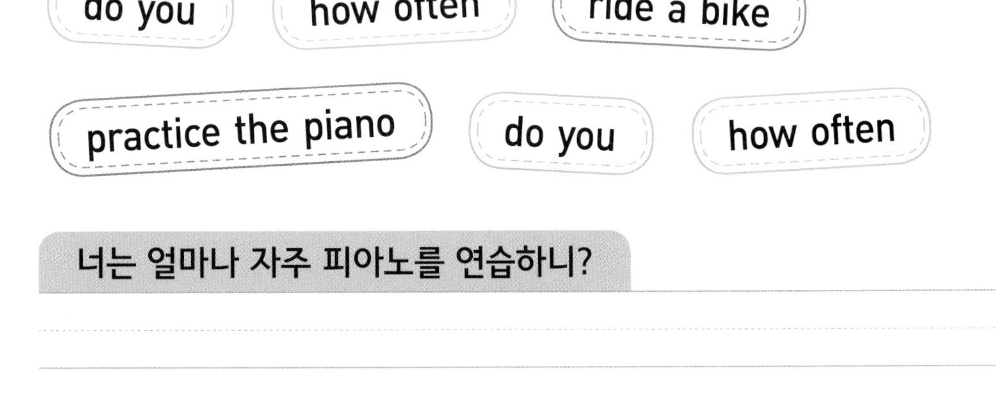

1 너는 얼마나 자주 피아노를 연습하니?

2 너는 얼마나 자주 자전거를 타니?

(공부한 날짜 월 일)

I always watch TV.

단어를 배워요

Listen & Speak

A 다음 그림 카드를 보면서 단어와 우리말 뜻을 함께 듣고 따라 말하세요.

단어 듣기

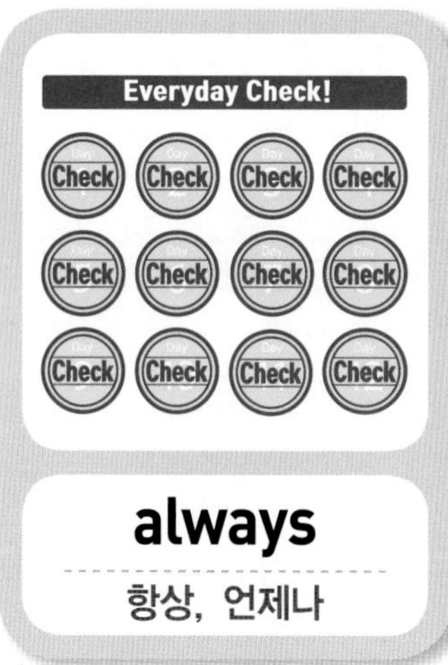

Speak & Write

B 다음 단어를 읽고 빠진 철자를 채운 후, 단어와 우리말 뜻을 쓰세요.

[어얼웨이즈]

always → a□w□ys

always

뜻

[유-주얼리]

usually → □su□l□y

usually

뜻

[어픈]

often → o□te□

often

뜻

[썸타임즈]

sometimes → □o□et□mes

sometimes

뜻

[네버r]

never → □e□er

never

뜻

C 문장으로 확인해요

Read & Choose

A 다음 문장을 읽고, 색으로 된 단어에 맞는 우리말 뜻을 고르세요.

문장 듣기

1 I sometimes watch TV. .... 항상 / 이따금

2 I often watch TV. .... 종종 / 보통

3 I never watch TV. .... 이따금 / 거의 ~않는

4 I always watch TV. .... 종종 / 항상

5 I usually watch TV. .... 보통 / 거의 ~않는

배운 단어로 문장을 이해해요!

- I ~ watch TV.에서 '~'에 빈도를 뜻하는 단어를 넣어 TV를 얼마나 자주 보는지를 표현할 수 있어요.
- 빈도를 뜻하는 단어를 활용하면 어떤 일을 얼마나 자주 하는지를 묻고 답하는 다양한 표현을 말할 수 있어요.

  A How often do you ride a bike? 너는 얼마나 자주 자전거를 타니?

  B I sometimes ride a bike. 나는 이따금 자전거를 타.

  I never ride a bike. 나는 거의 자전거를 타지 않아.

정답 121쪽

Look & Write

B 다음 그림에 맞게 주어진 철자를 배열하여 문장을 완성하세요.

1
Everyday Check!
r v e e n
I watch TV.
2
Everyday Check!
e o t n f
I watch TV.
3
Everyday Check!
u s l u a l y
I u watch TV.

Write & Speak

C 다음 우리말에 맞게 카드를 배열한 후, 완성된 문장을 큰 소리로 읽으세요.

1 나는 항상 텔레비전을 봐.

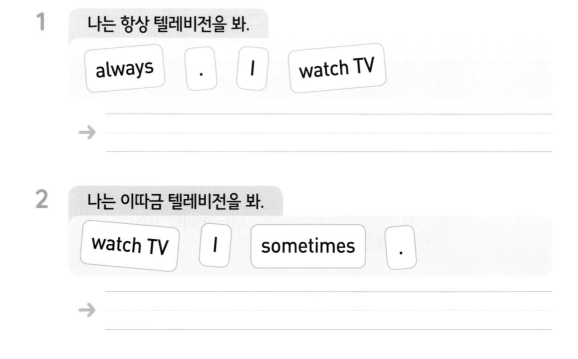

always | . | I | watch TV

→

2 나는 이따금 텔레비전을 봐.

watch TV | I | sometimes | .

→

Review | 16 – 20 |

(공부한 날짜 월 일)

A 단어 발음을 듣고, 우리말 뜻에 맞는 카드를 찾아 단어를 완성하세요.

단어 듣기

-ovember -reat -ifficult -ften

-arch -eed -anuary -eptember

1 종종 o________ 2 1월 J________

3 대단한 g________ 4 11월 N________

5 3월 M________ 6 어려운 d________

7 9월 S________ 8 먹이를 주다 f________

B 다음 문장을 우리말로 표현할 때 빈칸에 알맞은 우리말 뜻을 쓰세요.

1 That's important. ▶ 저것은 ________해.

2 I usually watch TV. ▶ 나는 ________ 텔레비전을 봐.

3 My birthday is in May. ▶ 나의 생일은 ________에 있어.

4 How often do you exercise? ▶ 너는 얼마나 자주 ________니?

5 My dad's birthday is in August. ▶ 나의 아빠의 생신은 ________에 있어.

정답 121쪽

Let's Play

C 우리말 뜻이나 그림에 맞는 단어로 퍼즐을 완성하세요.

1 n
2 J
3 F e a
4
5
6 w r
7
8 p

Across (가로)

3 2월

6

8

Down (세로)

1 거의 ~않는

2 7월

4 쉬운

5 항상, 언제나

7 타다

Self-check! 자신이 외운 16~20의 단어 개수

실력 Test

A

(맞은 개수 /44)

Step 1 다음 우리말 뜻에 알맞은 단어에 ✓ 하세요.

01	여름	☐ spring	☐ summer
02	과일	☐ fruit	☐ plum
03	국수	☐ noodles	☐ noodle
04	주문하다	☐ hurt	☐ order
05	차분한	☐ lucky	☐ calm
06	열 번째의	☐ tenth	☐ fifth
07	8월	☐ June	☐ August
08	이집트	☐ Egypt	☐ Egyptian
09	인도인의	☐ Mexican	☐ Indian
10	팔꿈치	☐ knee	☐ elbow
11	모양	☐ shape	☐ square
12	세 번째의	☐ third	☐ second
13	삼각형	☐ rectangle	☐ triangle
14	먹이를 주다	☐ feed	☐ miss
15	여덟 번째의	☐ eighth	☐ eightth
16	공항	☐ gym	☐ airport
17	싫어하다	☐ believe	☐ hate
18	블라우스	☐ vest	☐ blouse
19	주말	☐ weekend	☐ weekday
20	어려운	☐ easy	☐ difficult
21	5월	☐ July	☐ May
22	때때로	☐ sometimes	☐ often

Step 2 다음 우리말 뜻에 알맞은 단어를 쓰세요.

23 등 ____________

24 2월 ____________

25 발목 ____________

26 가을 ____________

27 호주 ____________

28 맛있는 ____________

29 타원 ____________

30 12월 ____________

31 시청 ____________

32 의류 ____________

33 어제 ____________

34 훌륭한 ____________

35 파인애플 ____________

36 회전하다 ____________

37 네 번째의 ____________

38 직진하여 ____________

39 인기 있는 ____________

40 베트남인의 ____________

41 첫 번째의 ____________

42 그리워하다 ____________

43 일곱 번째의 ____________

44 거의 ~않는 ____________

B

(맞은 개수 /40)

Step 1 다음 단어에 알맞은 우리말 뜻에 ✓ 하세요.

01	winter	□ 가을	□ 겨울	11	right	□ 오른쪽으로	□ 왼쪽으로
02	pasta	□ 국수	□ 파스타	12	sweater	□ 운동화	□ 스웨터
03	funny	□ 건강한	□ 재미있는	13	today	□ 오늘	□ 어제
04	India	□ 인도	□ 인도인의	14	exercise	□ 운동하다	□ 회전하다
05	June	□ 6월	□ 9월	15	rectangle	□ 정사각형	□ 직사각형
06	March	□ 2월	□ 3월	16	Egyptian	□ 이집트인의	□ 호주인의
07	hurt	□ 싫어하다	□ 아프다	17	understand	□ 기억하다	□ 이해하다
08	easy	□ 쉬운	□ 훌륭한	18	restaurant	□ 슈퍼마켓	□ 음식점
09	July	□ 4월	□ 7월	19	watermelon	□ 멜론	□ 수박
10	usually	□ 보통	□ 항상	20	French fries	□ 감자튀김	□ 볶음밥

Step 2 다음 단어에 알맞은 우리말 뜻을 쓰세요.

21	watch	______	31	Mexican	______
22	fifth	______	32	September	______
23	season	______	33	hundredth	______
24	plum	______	34	supermarket	______
25	April	______	35	remember	______
26	square	______	36	sneakers	______
27	lucky	______	37	tomorrow	______
28	Vietnam	______	38	wrong	______
29	vest	______	39	November	______
30	ride	______	40	sandwich	______

정답 124쪽

실력 Test

C

(맞은 개수 /22)

Step 1 다음 우리말에 맞게 빈칸에 알맞은 영어 단어를 쓰세요.

01 저것은 중요해. — That's ________.
02 너는 호주인이니? — Are you ________?
03 그곳은 9층에 있어. — It's on the ________ floor.
04 너는 그를 믿니? — Do you ________ him?
05 나는 네 부츠가 정말 좋아. — I love your ________.
06 한 블록을 직진해서 가세요. — Go straight one ________.
07 내 친구 로이는 매우 건강해. — My friend Roy is so ________.
08 이 망고는 맛있니? — Is this ________ delicious?
09 나의 엄마의 생신은 10월에 있어. — My mom's birthday in ________.
10 제가 체육관에 어떻게 갈 수 있나요? — How can I get to the ________?
11 너는 얼마나 자주 피아노를 연습하니? — How often do you ________ the piano?

Step 2 다음 영어 문장에 맞게 빈칸에 알맞은 우리말을 쓰세요.

12 I'd like fried rice, please. — 나는 ________ 을 원해요.
13 My knee hurts. — 나의 ________ 이 아파.
14 Turn left. — ________ 도세요.
15 That's right. — 저것은 ________.
16 He lives in Mexico. — 그는 ________ 에 살아.
17 I always watch TV. — 나는 ________ 텔레비전을 봐.
18 My birthday is in January. — 나의 생일은 ________ 에 있어.
19 I'm in the second grade. — 나는 ________ 학년이야.
20 Its shape is a circle. — 그것의 모양은 ________ 이야.
21 I like spring the most. — 나는 ________ 을 가장 좋아해.
22 I go swimming on weekdays. — 나는 ________ 에 수영하러 가.

완자

공부력

정답

초등 영어 영단어 6A

정답 QR 코드

완자

공부력 가이드

완자 공부력 시리즈는
앞으로도 계속 출간될 예정입니다.

완자 공부력 시리즈로 공부 근육을 키워요!

매일 성장하는
초등 자기개발서
완자
공부력

학습의 기초가 되는 읽기, 쓰기, 셈하기와 관련된 공부력을 키워야 여러 교과를 터득하기 쉬워집니다. 또한 어휘력과 독해력, 쓰기력, 계산력을 바탕으로 한 '공부력'은 자기주도 학습으로 상당한 단계까지 올라갈 수 있는 밑바탕이 되어 줍니다. 그래서 매일 꾸준한 학습이 가능한 '**완자 공부력 시리즈**'로 공부하면 **자기주도 학습이 가능한 튼튼한 공부 근육**을 키울 수 있을 것이라 확신합니다.

효과적인 공부력 강화 계획을 세워요!

학년별 공부 계획

내 학년에 맞게 꾸준하게 공부 계획을 세워요!

		1-2학년	3-4학년	5-6학년
기본	독해	국어 독해 1A 1B 2A 2B	국어 독해 3A 3B 4A 4B	국어 독해 5A 5B 6A 6B
	계산	수학 계산 1A 1B 2A 2B	수학 계산 3A 3B 4A 4B	수학 계산 5A 5B 6A 6B
	어휘	전과목 어휘 1A 1B 2A 2B	전과목 어휘 3A 3B 4A 4B	전과목 어휘 5A 5B 6A 6B
		파닉스 1 2	영단어 3A 3B 4A 4B	영단어 5A 5B 6A 6B
확장	어휘	전과목 한자 어휘 1A 1B 2A 2B	전과목 한자 어휘 3A 3B 4A 4B	전과목 한자 어휘 5A 5B 6A 6B
	쓰기	맞춤법 바로 쓰기 1A 1B 2A 2B		
	독해		한국사 독해 인물편 1 2 3 4	
			한국사 독해 시대편 1 2 3 4	

시기별 공부 계획

학기 중에는 **기본**, 방학 중에는 **기본 + 확장**으로 공부 계획을 세워요!

방학 중			
학기 중			
기본			확장
독해	계산	어휘	어휘, 쓰기, 독해
국어 독해	수학 계산	전과목 어휘 파닉스(1~2학년) 영단어(3~6학년)	전과목 한자 어휘 맞춤법 바로 쓰기(1~2학년) 한국사 독해(3~6학년)

예시 초1 학기 중 공부 계획표 주 5일 하루 3과목 (45분)

월	화	수	목	금
국어 독해	국어 독해	국어 독해	국어 독해	국어 독해
수학 계산	수학 계산	수학 계산	수학 계산	수학 계산
전과목 어휘	파닉스	전과목 어휘	전과목 어휘	파닉스

예시 초4 방학 중 공부 계획표 주 5일 하루 4과목 (60분)

월	화	수	목	금
국어 독해	국어 독해	국어 독해	국어 독해	국어 독해
수학 계산	수학 계산	수학 계산	수학 계산	수학 계산
전과목 어휘	영단어	전과목 어휘	전과목 어휘	영단어
한국사 독해 인물편	전과목 한자 어휘	한국사 독해 인물편	전과목 한자 어휘	한국사 독해 인물편

3A

단어 수: 100개

- 교육부 지정 초등 필수 영단어 및 초등 교과서 학년별 필수 영단어 수록
- 시리즈 전체 총 단어 수 824개

초등 필수 영단어 권별 목록

01	It is a desk.	• desk 책상 • chair 의자 • sofa 소파 • bed 침대 • table 식탁
02	Go.	• go 가다 • come 오다 • stop 멈추다 • sit 앉다 • stand 서다
03	This is my eye.	• eye 눈 • ear 귀 • nose 코 • mouth 입 • face 얼굴
04	I have a pencil.	• pencil 연필 • ruler 자 • pen 펜 • textbook 교과서 • eraser 지우개 • have 가지다
05	It is red.	• red 빨간색 • blue 파란색 • green 초록색 • yellow 노란색 • black 검은색
06	I like apples.	• apple 사과 • banana 바나나 • orange 오렌지 • grape 포도 • pear 배 • like 좋아하다
07	Do you have a dog?	• dog 개 • cat 고양이 • bird 새 • rabbit 토끼 • fish 물고기
08	It is my book.	• book 책 • doll 인형 • robot 로봇 • ball 공 • bat 방망이
09	I can sing.	• sing 노래하다 • swim 수영하다 • cook 요리하다 • skate 스케이트를 타다 • ski 스키를 타다
10	It is big.	• big (크기가) 큰 • small (크기가) 작은 • long (길이가) 긴 • short (길이가) 짧은
11	I don't like onions.	• onion 양파 • carrot 당근 • potato 감자 • tomato 토마토 • corn 옥수수
12	Is it a pig?	• pig 돼지 • cow 소 • horse 말 • chicken 닭 • duck 오리
13	This is my mom.	• mom 엄마 • dad 아빠 • sister 여자 형제(언니, 누나, 여동생) • brother 남자 형제(형, 오빠, 남동생) • family 가족
14	I don't have a crayon.	• crayon 크레용 • notebook 공책 • pencil case 필통 • glue 풀 • scissors 가위
15	I want candy.	• candy 사탕 • ice cream 아이스크림 • pie 파이 • chocolate 초콜릿 • dessert 디저트 • want 원하다
16	That is a car.	• car 자동차 • bus 버스 • train 기차 • ship 배 • airplane 비행기
17	Look at the sun.	• sun 해 • moon 달 • cloud 구름 • star 별 • sky 하늘 • look 보다
18	We buy cheese.	• cheese 치즈 • bread 빵 • ham 햄 • butter 버터 • jam 잼 • buy 사다
19	It is sunny.	• sunny 화창한 • rainy 비가 오는 • snowy 눈이 오는 • cloudy 흐린, 구름이 낀 • windy 바람이 부는 • foggy 안개가 낀
20	Don't run.	• run 달리다, 뛰다 • talk 말하다 • touch 만지다 • drink 마시다 • enter 들어오다

3B 단어 수: 101개

01	This is a bag.	• bag 가방 • camera 카메라 • clock 시계 • album 앨범 • umbrella 우산
02	It's a pink ball.	• pink 분홍색 • white 흰색 • brown 갈색 • gray 회색 • purple 보라색
03	How many monkeys?	• monkey 원숭이 • tiger 호랑이 • lion 사자 • bear 곰 • panda 판다
04	I have one book.	• one 1, 하나 • two 2, 둘 • three 3, 셋 • four 4, 넷 • five 5, 다섯
05	I am six years old.	• six 6, 여섯 • seven 7, 일곱 • eight 8, 여덟 • nine 9, 아홉 • ten 10, 열
06	Touch your hand.	• hand 손 • neck 목 • arm 팔 • leg 다리 • foot 발
07	Do you like lemons?	• lemon 레몬 • melon 멜론 • kiwi 키위 • peach 복숭아 • strawberry 딸기
08	I can't dance.	• dance 춤추다 • jump 점프하다 • dive 다이빙하다 • fly 날다 • drive 운전하다
09	I drink milk.	• milk 우유 • juice 주스 • water 물 • soda 탄산음료 • tea 차
10	She is tall.	• tall (키가) 큰 • short (키가) 작은 • old 나이가 많은 • young 어린 • pretty 예쁜 • ugly 못생긴
11	Is this your cap?	• cap 모자 • skirt 치마 • dress 원피스, 드레스 • shirt 셔츠 • coat 코트
12	Let's play together.	• play 놀다 • walk 걷다 • clean 청소하다 • work 일하다 • eat 먹다 • together 함께
13	Look at the flower.	• flower 꽃 • tree 나무 • leaf 나뭇잎 • plant 식물 • rainbow 무지개
14	We eat pizza.	• pizza 피자 • salad 샐러드 • rice 밥, 쌀 • steak 스테이크 • spaghetti 스파게티
15	I'm happy.	• happy 행복한 • sad 슬픈 • angry 화난 • hungry 배고픈 • sleepy 졸리운
16	It's warm.	• warm 따뜻한 • hot 더운 • cool 시원한 • cold 추운
17	He is a doctor.	• doctor 의사 • nurse 간호사 • cook 요리사 • farmer 농부 • pilot 조종사
18	Good morning.	• morning 아침 • noon 정오 • afternoon 오후 • evening 저녁 • night 밤 • good 좋은
19	Open the door, please.	• door 문 • window 창문 • open 열다 • close 닫다 • push 밀다 • pull 당기다
20	There is a mouse.	• mouse 쥐 • snake 뱀 • turtle 거북이 • frog 개구리 • iguana 이구아나

01	I love my mother.	• mother 어머니 • father 아버지 • grandmother 할머니 • grandfather 할아버지 • parents 부모 • love 사랑하다
02	This is my head.	• head 머리 • tooth 이 • shoulder 어깨 • finger 손가락 • toe 발가락
03	Here is a brush.	• brush 붓 • watch 손목시계 • basket 바구니 • paper 종이 • tape (접착용) 테이프
04	Is she a dentist?	• dentist 치과 의사 • singer 가수 • dancer 댄서, 무용가 • baker 제빵사 • driver 운전사
05	It's time for breakfast.	• breakfast 아침 식사 • school 학교 • lunch 점심 식사 • dinner 저녁 식사 • bed 취침 (시간) • time 시간
06	Let's play soccer.	• soccer 축구 • baseball 야구 • basketball 농구 • tennis 테니스 • badminton 배드민턴 • play 경기를 하다
07	Are you busy?	• busy 바쁜 • full 배부른 • sick 아픈 • tired 피곤한 • thirsty 목마른
08	Do you like chicken?	• chicken 닭고기 • fish 생선, 물고기 • pork 돼지고기 • beef 소고기 • meat 고기 • like 좋아하다
09	He is eleven years old.	• eleven 11, 열하나 • twelve 12, 열둘 • thirteen 13, 열셋 • fourteen 14, 열넷 • fifteen 15, 열다섯
10	There are sixteen pencils.	• sixteen 16, 열여섯 • seventeen 17, 열일곱 • eighteen 18, 열여덟 • nineteen 19, 열아홉 • twenty 20, 스물 • pencil 연필
11	It's my cake.	• cake 케이크 • candle 초 • present 선물 • birthday 생일 • party 파티
12	Do you know the boy?	• boy 소년 • girl 소녀 • man 남자 • woman 여자 • gentleman 신사 • lady 숙녀 • know 알다
13	Look at the giraffe.	• giraffe 기린 • wolf 늑대 • elephant 코끼리 • fox 여우 • zebra 얼룩말 • look 보다
14	He is handsome.	• handsome 잘생긴 • beautiful 아름다운 • fat 뚱뚱한 • thin 마른 • cute 귀여운
15	I am listening.	• listen 듣다 • read 읽다 • draw (연필로) 그리다 • paint (물감으로) 그리다 • cut 자르다
16	Put on your hat.	• hat (테가 있는) 모자 • scarf 스카프, 목도리 • jacket 재킷, (셔츠 위에 입는) 상의 • pants 바지 • shoes 신발 • put on ~을 입다 • take off ~을 벗다
17	I'm going to the zoo.	• zoo 동물원 • park 공원 • bank 은행 • hospital 병원 • market 시장 • go 가다
18	Do you want some soup?	• soup 수프 • curry 카레 • hamburger 햄버거 • egg 달걀 • cookie 쿠키 • want 원하다 • some 약간의
19	I can get there by bicycle.	• bicycle 자전거 • subway 지하철 • taxi 택시 • boat 보트, (작은) 배 • helicopter 헬리콥터
20	I want a bottle of water.	• bottle 병, 통 • bowl 그릇, 사발 • cup 컵, 잔 • glass (유리)잔 • water 물 • rice 밥, 쌀 • tea 차 • milk 우유

4B

단어 수: 102개

01	What is your name?	• name 이름 • hobby 취미 • dream 꿈 • address 주소 • number 번호, 숫자 • phone number 전화번호
02	There is a picture.	• picture 그림, 사진 • mirror 거울 • fan 선풍기 • lamp 램프, 등 • vase 꽃병
03	It's a roof.	• roof 지붕 • wall 벽 • floor 바닥 • room 방 • house 집
04	This is a blackboard.	• blackboard 칠판 • locker 사물함 • student 학생 • teacher 선생님 • classroom 교실
05	He is my uncle.	• uncle (외)삼촌, 이모부, 고모부 • aunt 이모, 고모, (외)숙모 • cousin 사촌 • son 아들 • daughter 딸
06	Where is the library?	• library 도서관 • church 교회 • bakery 제과점 • post office 우체국 • police station 경찰서
07	It's on the desk.	• on ~ 위에 • under ~ 아래에 • in ~ 안에 • next to ~ 옆에 • desk 책상 • bag 가방
08	I don't like ants.	• ant 개미 • bee 벌 • spider 거미 • butterfly 나비 • bug 벌레, 작은 곤충
09	He is a scientist.	• scientist 과학자 • writer 작가 • actor 배우 • designer 디자이너 • model 모델
10	Can you play the piano?	• piano 피아노 • guitar 기타 • violin 바이올린 • flute 플루트 • cello 첼로 • play (악기를) 연주하다
11	How much are the socks?	• socks 양말 • jeans 청바지 • shorts 반바지 • gloves 장갑 • mittens 벙어리장갑
12	She is sleeping.	• sleep (잠을) 자다 • study 공부하다 • cry 울다 • smile 웃다, 미소 짓다 • write 쓰다
13	The wall is high.	• high 높은 • low 낮은 • old 오래된 • new 새로운
14	It's one thirty.	• thirty 30, 서른 • forty 40, 마흔 • fifty 50, 쉰 • twenty-five 25, 스물다섯 • o'clock ~시 (정각)
15	It's sixty dollars.	• sixty 60, 예순 • seventy 70, 일흔 • eighty 80, 여든 • ninety 90, 아흔 • hundred 100, 백 • thousand 1000, 천 • dollar 달러
16	She has a baby.	• baby 아기 • child 아이, 어린이 • friend 친구 • husband 남편 • wife 아내 • have ~이 있다
17	I enjoy camping.	• camping 캠핑 • hiking 하이킹 • jogging 조깅 • swimming 수영 • fishing 낚시 • enjoy 즐기다
18	It takes three minutes.	• minute 분 • hour 시간 • day 일, 하루 • week 주, 일주일 • month 달, 월, 개월 • year 해, 년(年) • take (시간이) 걸리다
19	It's Monday.	• Monday 월요일 • Tuesday 화요일 • Wednesday 수요일 • Thursday 목요일 • Friday 금요일 • Saturday 토요일 • Sunday 일요일
20	I can't find my key.	• key 열쇠 • wallet 지갑 • drone 드론, 무인 항공기 • glasses 안경 • cell phone 휴대전화 • find 찾다, 발견하다

초등 필수 영단어 권별 목록

01	Whose kite is this?	• kite 연 • jump rope 줄넘기 줄 • purse 지갑 • balloon 풍선 • backpack 배낭
02	Can you kick the ball?	• kick (발로) 차다 • hit (공을) 치다 • throw 던지다 • catch 잡다 • pass 건네주다, 패스하다
03	I am in the bedroom.	• bedroom 침실 • living room 거실 • bathroom 화장실, 욕실 • kitchen 부엌 • dining room 식당
04	There is a stove in the kitchen.	• stove 가스레인지 • sink 싱크대, 개수대 • oven 오븐 • pan 팬, 프라이팬 • pot 냄비
05	Where is the hotel?	• hotel 호텔 • museum 박물관 • bookstore 서점 • theater 극장, 영화관 • department store 백화점
06	It's beside my house.	• beside ~ 옆에 • in front of ~ 앞에 • behind ~ 뒤에 • across from ~ 맞은편에 • between ~ 사이에
07	My shoes are clean.	• clean 깨끗한 • dirty 더러운 • dry 마른 • wet 젖은 • cheap (값이) 싼 • expensive (값이) 비싼
08	Which way is east?	• east 동쪽 • west 서쪽 • south 남쪽 • north 북쪽
09	I am from Korea.	• Korea 한국 • China 중국 • Japan 일본 • the U.S.A. 미국 • Canada 캐나다
10	This is a Korean flag.	• Korean 한국의, 국어 • Chinese 중국의, 중국어 • Japanese 일본의, 일어 • American 미국의 • Canadian 캐나다의 • flag 깃발
11	My favorite subject is English.	• English 영어 • math 수학 • science 과학 • subject 과목 • favorite 가장 좋아하는
12	Mary is a smart girl.	• smart 똑똑한 • kind 친절한 • shy 수줍음이 많은 • honest 정직한 • brave 용감한
13	I want to be a chef.	• chef 요리사, 주방장 • painter 화가 • firefighter 소방관 • police officer 경찰관 • vet 수의사
14	It smells good.	• smell 냄새가 나다 • sound 들리다 • taste 맛이 나다 • feel 느끼다 • look 보이다
15	Do you like hippos?	• hippo 하마 • parrot 앵무새 • kangaroo 캥거루 • penguin 펭귄 • cheetah 치타 • animal 동물
16	The building is very big.	• building 건물, 빌딩 • tower 탑, 타워 • bridge 다리 • palace 궁, 궁전 • street 거리, 길
17	Can you turn on the computer?	• computer 컴퓨터 • television 텔레비전 • radio 라디오 • light 전등, 불빛 • smartphone 스마트폰 • turn on (전자기기 등을) 켜다 • turn off (전자기기 등을) 끄다
18	Let's go bowling.	• bowling 볼링 • surfing 서핑, 파도타기 • in-line skating 인라인 스케이트 타기 • cycling 사이클링, 자전거 타기 • snowboarding 스노보드 타기
19	This pumpkin is fresh.	• pumpkin 호박 • cucumber 오이 • cabbage 양배추 • garlic 마늘 • vegetable 채소 • fresh 신선한
20	I want to make a kite.	• make 만들다 • grow 키우다, 재배하다 • learn 배우다 • win 이기다 • collect 수집하다, 모으다 • game 게임 • sticker 스티커

5B
단어 수: 105개

01	Do you like art class?	• art 미술, 예술 • music 음악 • P.E. 체육 • history 역사 • social studies 사회 • class 수업, 반
02	I will call Sam tonight.	• call 전화하다 • meet 만나다 • visit 방문하다 • help 돕다, 도와주다 • join 함께하다 • tonight 오늘밤
03	I'm going to travel to France.	• France 프랑스 • Germany 독일 • Spain 스페인 • Italy 이탈리아 • the U.K. 영국 • travel 여행하다
04	Can you speak French?	• French 불어, 프랑스의 • German 독일어, 독일의 • Spanish 스페인어, 스페인의 • Italian 이탈리아어, 이탈리아의 • speak 말하다
05	How was your trip?	• trip 여행 • vacation 방학 • holiday 휴일, 명절 • concert 공연, 연주회 • movie 영화
06	A dish is on the table.	• dish 접시 • fork 포크 • knife 칼 • spoon 숟가락 • chopsticks 젓가락
07	Is the man strong?	• strong 강한, 힘센 • weak 약한 • fast 빠른 • slow 느린 • rich 부유한 • poor 가난한
08	He is wearing a ring.	• ring 반지 • necklace 목걸이 • earring 귀걸이 • belt 허리띠, 벨트 • wear 착용하다
09	There is a king in the castle.	• king 왕, 국왕 • queen 여왕, 왕비 • prince 왕자 • princess 공주 • castle 성, 궁궐
10	Add some salt.	• salt 소금 • pepper 후추 • sugar 설탕 • oil 기름, 식용유 • sauce 소스, 양념 • add 더하다, 첨가하다
11	I have homework.	• homework 숙제 • question 질문 • test 시험 • quiz 퀴즈, 간단한 시험 • presentation 발표
12	May I borrow your pencil?	• borrow 빌리다 • use 사용하다 • try on (한번) 입어보다 • ask 묻다, 질문하다 • answer 대답하다
13	Eggs are good for your brain.	• brain 뇌, 두뇌 • heart 심장 • bone 뼈 • skin 피부 • body 몸, 신체
14	Be careful!	• careful 조심스러운, 주의 깊은 • quiet 조용한 • patient 참을성[인내심]이 있는 • ready 준비된 • polite 공손한, 예의 바른
15	We can see a hill there.	• hill 언덕 • mountain 산 • field 들판 • desert 사막 • forest 숲
16	We went to the lake.	• lake 호수 • river 강 • sea 바다 • beach 해변, 바닷가 • island 섬 • ocean 바다, 대양
17	Many people live in the town.	• town 소도시, 읍 • city 도시 • country 나라, 국가 • world 세계, 세상 • people 사람들 • live 살다, 생활하다
18	She was excited.	• excited 흥분한, 신이 난 • worried 걱정하는 • surprised 놀란 • scared 두려워하는 • shocked 충격을 받은
19	My dream is to be a musician.	• musician 뮤지션, 음악가 • comedian 코미디언, 희극배우 • announcer 아나운서, 해설자 • photographer 사진사 • movie director 영화감독
20	I'm fixing the bike now.	• fix 고치다, 수선하다 • wash 씻다, 세탁하다 • carry 운반하다, 나르다 • move 옮기다 • bake (빵을) 굽다

단어 수: 108개

01	I like spring the most.	• spring 봄 • summer 여름 • fall 가을 • winter 겨울 • season 계절
02	Is this mango delicious?	• mango 망고 • pineapple 파인애플 • watermelon 수박 • plum 자두 • fruit 과일 • delicious 맛있는
03	I'd like to pasta, please.	• pasta 파스타 • noodles 국수 • sandwich 샌드위치 • French fries 감자튀김 • fried rice 볶음밥 • order 주문하다
04	My friend Roy is so healthy.	• healthy 건강한 • calm 차분한 • popular 인기 있는 • lucky 운이 좋은 • funny 재미있는
05	He lives in Mexico.	• Mexico 멕시코 • India 인도 • Vietnam 베트남 • Egypt 이집트 • Australia 호주
06	Are you Mexican?	• Mexican 멕시코인(의) • Indian 인도인(의) • Vietnamese 베트남인(의) • Egyptian 이집트인(의) • Australian 호주인(의)
07	My elbow hurts.	• elbow 팔꿈치 • back 등 • knee 무릎 • ankle 발목 • hurt 아프다
08	Its shape is a circle.	• circle 원, 동그라미 • square 정사각형 • triangle 삼각형 • rectangle 직사각형 • oval 타원 • shape 모양
09	I'm in the sixth grade.	• first 첫 번째의 • second 두 번째의 • third 세 번째의 • fourth 네 번째의 • fifth 다섯 번째의 • sixth 여섯 번째의 • grade 학년
10	It's on the seventh floor.	• seventh 일곱 번째의 • eighth 여덟 번째의 • ninth 아홉 번째의 • tenth 열 번째의 • hundredth 백 번째의 • floor 층
11	How can I get to the gym?	• gym 체육관 • restaurant 음식점, 식당 • supermarket 슈퍼마켓 • airport 공항 • city hall 시청
12	Go straight.	• straight 곧장, 직진하여 • right 오른쪽으로 • left 왼쪽으로 • turn 돌다, 회전하다 • block 블록, 구역
13	Do you believe him?	• believe 믿다 • hate 싫어하다 • miss 그리워하다 • understand 이해하다 • remember 기억하다
14	I love your boots.	• boots 부츠 • sneakers 운동화 • blouse 블라우스 • sweater 스웨터 • vest 조끼 • clothes 의류
15	I go swimming on weekdays.	• weekday 평일 • weekend 주말 • today 오늘 • yesterday 어제 • tomorrow 내일
16	That's easy.	• easy 쉬운 • difficult 어려운 • right 맞은, 옳은 • wrong 틀린, 잘못된 • great 대단한, 훌륭한 • important 중요한
17	My birthday is in January.	• January 1월 • February 2월 • March 3월 • April 4월 • May 5월 • June 6월
18	My dad's birthday is in July.	• July 7월 • August 8월 • September 9월 • October 10월 • November 11월 • December 12월
19	How often do you watch TV?	• watch 보다 • exercise 운동하다 • feed 먹이를 주다 • ride 타다 • practice 연습하다
20	I always watch TV.	• always 항상, 언제나 • usually 보통 • often 종종, 자주 • sometimes 이따금 • never 거의 ~않는

6B

단어 수: 105개

01	My dad is a soldier.	• soldier 군인 • astronaut 우주비행사 • lawyer 변호사 • engineer 기사, 기술자 • businessman 사업가
02	I'm writing a letter.	• letter 편지 • e-mail 전자우편 • story 이야기 • report 보고서 • diary 일기장, 일기
03	When is the school festival?	• school festival 학교 축제 • field trip 현장 학습 • New Year's Day 설날, 새해 첫 날 • Children's Day 어린이날 • Christmas 성탄절
04	The school festival is April eleventh.	• eleventh 열한 번째 • twelfth 열두 번째 • thirteenth 열세 번째 • twentieth 스무 번째 • twenty-first 스물한 번째
05	You should wear a helmet.	• helmet 안전모, 헬멧 • seat belt 안전벨트 • life jacket 구명조끼 • sunglasses 선글라스 • mask 마스크
06	You have a headache.	• headache 두통 • stomachache 복통 • toothache 치통 • runny nose 콧물 • fever 열
07	He has curly hair.	• curly 곱슬곱슬한 • straight 곧은, 곧게 뻗은 • blond 금발의 • wavy 물결모양의 • thick 숱이 많은 • hair 머리카락, (동물의) 털
08	How heavy!	• heavy 무거운 • deep 깊은 • soft 부드러운 • nice 좋은, 즐거운 • dark 어두운 • wonderful 훌륭한, 멋진
09	Mars is bigger than Mercury.	• Mercury 수성 • Venus 금성 • Earth 지구 • Mars 화성 • Jupiter 목성 • Saturn 토성 • space 우주
10	Is there a towel in the bathroom?	• towel 수건 • toothbrush 칫솔 • toothpaste 치약 • soap 비누 • shampoo 샴푸
11	Korea is in Asia.	• America 아메리카 • Europe 유럽 • Asia 아시아 • Africa 아프리카 • Oceania 오세아니아
12	I think it is interesting.	• interesting 재미있는 • boring 지루한 • dangerous 위험한 • safe 안전한 • different 다른 • think 생각하다
13	We need a new refrigerator.	• refrigerator 냉장고 • vacuum cleaner 진공청소기 • washing machine 세탁기 • microwave 전자레인지
14	We'll stay here.	• stay 머무르다 • leave 떠나다 • wait 기다리다 • return 돌아오다, 돌아가다 • arrive 도착하다
15	Give me a towel.	• give 주다 • show 보여주다 • teach 가르쳐주다 • tell 말해주다
16	The woman is a friendly vet.	• friendly 다정한 • clever 재치 있는, 영리한 • famous 유명한 • diligent 부지런한 • lazy 게으른
17	I enjoy eating sweet food.	• sweet 단, 달콤한 • salty 짠, 짭짤한 • spicy 매운, 매콤한 • sour 신, 시큼한 • bitter 쓴, 씁쓸한
18	Sharks live in the sea.	• shark 상어 • octopus 문어 • whale 고래 • starfish 불가사리 • dolphin 돌고래
19	Don't forget to lock the door.	• forget 잊다 • lock 잠그다 • send 보내다 • bring 가져오다 • take 가져가다 • finish 끝마치다
20	We should recycle bottles.	• recycle 재활용하다 • save 절약하다 • energy 에너지 • reuse 재사용하다 • pick up 줍다 • trash 쓰레기

정답

8쪽 / 9쪽

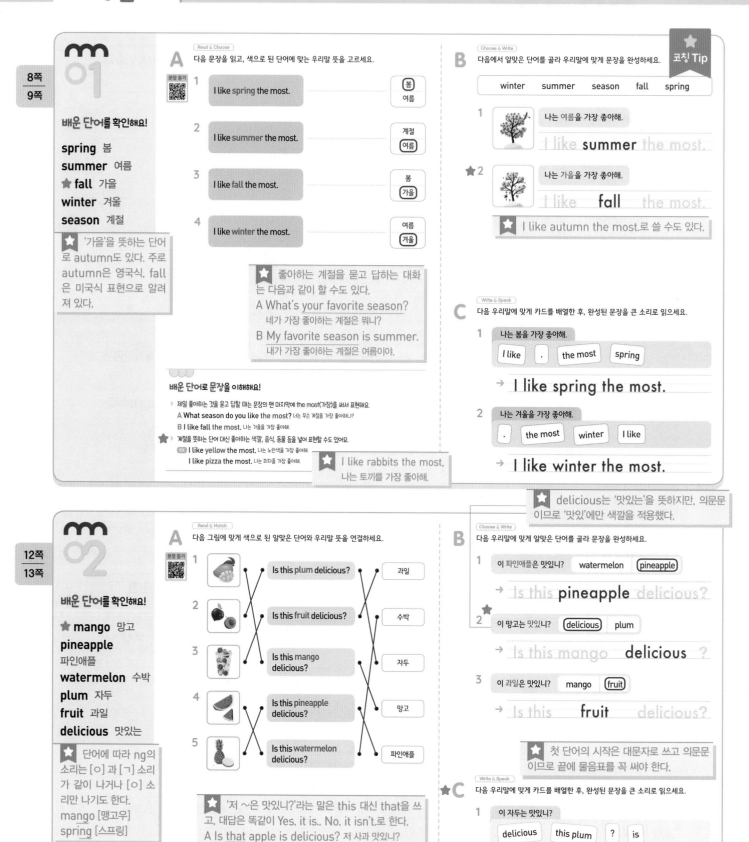

01

배운 단어를 확인해요!

spring 봄
summer 여름
★ fall 가을
winter 겨울
season 계절

★ '가을'을 뜻하는 단어로 autumn도 있다. 주로 autumn은 영국식, fall은 미국식 표현으로 알려져 있다.

A Read & Choose 다음 문장을 읽고, 색으로 된 단어에 맞는 우리말 뜻을 고르세요.

문장 듣기

1 I like spring the most. — (봄) / 여름
2 I like summer the most. — 계절 / (여름)
3 I like fall the most. — 봄 / (가을)
4 I like winter the most. — 여름 / (겨울)

★ 좋아하는 계절을 묻고 답하는 대화는 다음과 같이 할 수도 있다.
A What's your favorite season?
네가 가장 좋아하는 계절은 뭐니?
B My favorite season is summer.
내가 가장 좋아하는 계절은 여름이야.

배운 단어로 문장을 이해해요!

- 제일 좋아하는 것을 묻고 답할 때는 문장의 맨 마지막에 the most(가장)를 써서 표현해요.
  A What season do you like the most? 너는 무슨 계절을 가장 좋아하니?
  B I like fall the most. 나는 가을을 가장 좋아해.
- ★ 계절을 뜻하는 단어 대신 좋아하는 색깔, 음식, 동물 등을 넣어 표현할 수도 있어요.
  ex I like yellow the most. 나는 노란색을 가장 좋아해.
  I like pizza the most. 나는 피자를 가장 좋아해.

★ I like rabbits the most.
나는 토끼를 가장 좋아해.

B Choose & Write 다음에서 알맞은 단어를 골라 우리말에 맞게 문장을 완성하세요.

코칭 Tip

winter summer season fall spring

1 나는 여름을 가장 좋아해.
I like **summer** the most.

★2 나는 가을을 가장 좋아해.
I like **fall** the most.

★ I like autumn the most.로 쓸 수도 있다.

C Write & Speak 다음 우리말에 맞게 카드를 배열한 후, 완성된 문장을 큰 소리로 읽으세요.

1 나는 봄을 가장 좋아해.
I like / . / the most / spring
→ I like spring the most.

2 나는 겨울을 가장 좋아해.
. / the most / winter / I like
→ I like winter the most.

12쪽 / 13쪽

02

배운 단어를 확인해요!

★ mango 망고
pineapple 파인애플
watermelon 수박
plum 자두
fruit 과일
delicious 맛있는

★ 단어에 따라 ng의 소리는 [ㅇ]과 [ㄱ] 소리가 같이 나거나 [ㅇ] 소리만 나기도 한다.
mango [맹고우]
spring [스프링]

A Read & Match 다음 그림에 맞게 색으로 된 알맞은 단어와 우리말 뜻을 연결하세요.

문장 듣기

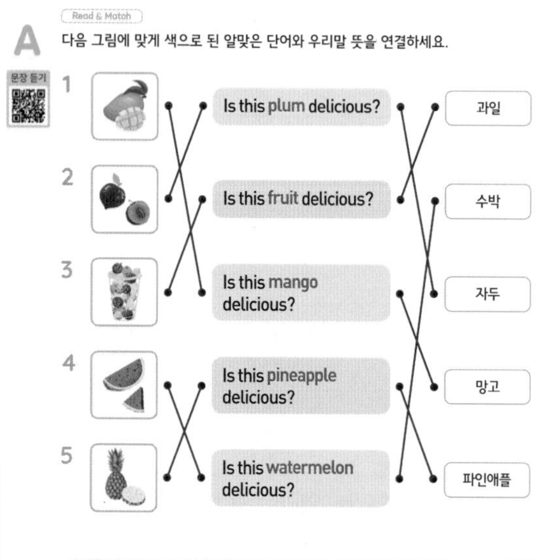

1
2
3
4
5
Is this plum delicious?
Is this fruit delicious?
Is this mango delicious?
Is this pineapple delicious?
Is this watermelon delicious?
과일
수박
자두
망고
파인애플

★ '저 ~은 맛있니?'라는 말은 this 대신 that을 쓰고, 대답은 똑같이 Yes, it is., No, it isn't.로 한다.
A Is that apple is delicious? 저 사과 맛있니?
B Yes, it is. / No, it isn't.

배운 단어로 문장을 이해해요!

- 어떤 과일이 맛있는지를 물을 때는 Is this 과일 이름 delicious?를 써서 '이 ~은 맛있니?'라고 말해요.
- 과일 대신 음식을 뜻하는 단어를 넣어 물을 수 있고, 그 음식이 맛있으면 Yes, it is., 맛없으면 No, it isn't.로 답해요.
  A Is this hamburger delicious? 이 햄버거는 맛있니?
  B Yes, it is. 응, 그건 그래. / No, it isn't. 아니, 그건 그렇지 않아.

★ delicious는 '맛있는'을 뜻하지만, 의문문이므로 '맛있'에만 색깔을 적용했다.

B Choose & Write 다음 우리말에 맞게 알맞은 단어를 골라 문장을 완성하세요.

1 이 파인애플은 맛있니? watermelon (pineapple)
→ Is this **pineapple** delicious?

★2 이 망고는 맛있니? (delicious) plum
→ Is this mango **delicious** ?

3 이 과일은 맛있니? mango (fruit)
→ Is this **fruit** delicious?

★ 첫 단어의 시작은 대문자로 쓰고 의문문이므로 끝에 물음표를 꼭 써야 한다.

★**C** Write & Speak 다음 우리말에 맞게 카드를 배열한 후, 완성된 문장을 큰 소리로 읽으세요.

1 이 자두는 맛있니?
delicious / this plum / ? / is
→ Is this plum delicious?

2 이 수박은 맛있니?
this watermelon / ? / is / delicious
→ Is this watermelon delicious?

03

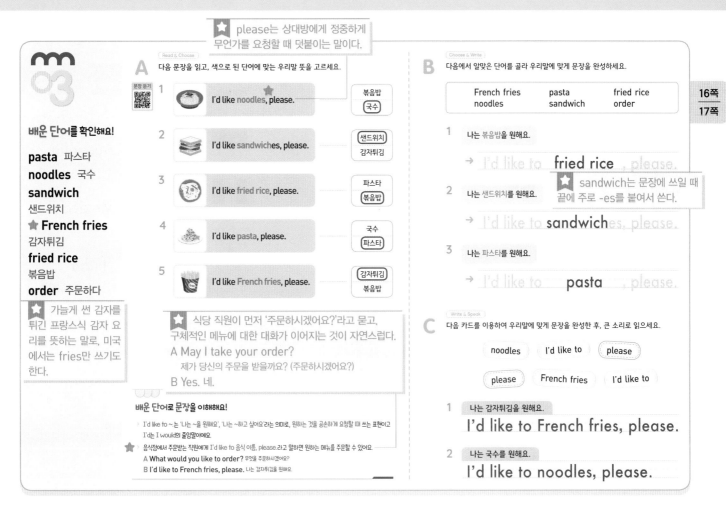

please는 상대방에게 정중하게 무언가를 요청할 때 덧붙이는 말이다.

배운 단어를 확인해요!

- pasta 파스타
- noodles 국수
- sandwich 샌드위치
- ★ French fries 감자튀김
- fried rice 볶음밥
- order 주문하다

가늘게 썬 감자를 튀긴 프랑스식 감자 요리를 뜻하는 말로, 미국에서는 fries만 쓰기도 한다.

A Read & Choose 다음 문장을 읽고, 색으로 된 단어에 맞는 우리말 뜻을 고르세요.

문장 듣기

1. I'd like noodles, please. — 볶음밥 / (국수)
2.  I'd like sandwiches, please. — (샌드위치) / 감자튀김
3. I'd like fried rice, please. — 파스타 / (볶음밥)
4.  I'd like pasta, please. — 국수 / (파스타)
5.  I'd like French fries, please. — (감자튀김) / 볶음밥

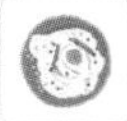

식당 직원이 먼저 '주문하시겠어요?'라고 묻고, 구체적인 메뉴에 대한 대화가 이어지는 것이 자연스럽다.
A May I take your order?
제가 당신의 주문을 받을까요? (주문하시겠어요?)
B Yes. 네.

배운 단어로 문장을 이해해요!

- I'd like to ~.는 '나는 ~을 원해요', '나는 ~하고 싶어요'라는 의미로, 원하는 것을 공손하게 요청할 때 쓰는 표현이고 I'd는 I would의 줄임말이에요.
- ★ 음식점에서 주문받는 직원에게 I'd like to 음식 이름, please.라고 말하면 원하는 메뉴를 주문할 수 있어요.
  A What would you like to order? 무엇을 주문하시겠어요?
  B I'd like to French fries, please. 나는 감자튀김을 원해요.

B Choose & Write 다음에서 알맞은 단어를 골라 우리말에 맞게 문장을 완성하세요.

French fries	pasta	fried rice
noodles	sandwich	order

1. 나는 볶음밥을 원해요.
   → I'd like to fried rice, please.
2. 나는 샌드위치를 원해요.
   → I'd like to sandwiches, please.

   sandwich는 문장에 쓰일 때 끝에 주로 -es를 붙여서 쓴다.
3. 나는 파스타를 원해요.
   → I'd like to pasta, please.

C Write & Speak 다음 카드를 이용하여 우리말에 맞게 문장을 완성한 후, 큰 소리로 읽으세요.

noodles | I'd like to | please | please | French fries | I'd like to

1. 나는 감자튀김을 원해요.
   I'd like to French fries, please.
2. 나는 국수를 원해요.
   I'd like to noodles, please.

16쪽 17쪽

04

배운 단어를 확인해요!

- ★ healthy 건강한
- ★ calm 차분한
- popular 인기 있는
- lucky 운이 좋은
- funny 재미있는

healthy의 'th'는 [ㅆ] 소리가 난다. 〈비교〉 the의 'th'는 [ㄷ] 소리가 난다.

calm은 사람의 성격이나 태도를 묘사할 뿐만 아니라 '(바다가) 잔잔한', (날씨가) 바람이 없는'의 의미로도 쓰인다.

A Read & Choose 다음 문장을 읽고, 색으로 된 단어에 맞는 우리말 뜻을 고르세요.

문장 듣기

1. My friend Roy is so calm. — 운이 좋은 / (차분한)
   내 친구 로이는 매우 차분해.
2. My friend Roy is so healthy. — (건강한) / 재미있는
3. My friend Roy is so funny. — (재미있는) / 인기 있는
   내 친구 로이는 매우 재미있어.
4. My friend Roy is so popular. — 차분한 / (인기 있는)
   내 친구 로이는 매우 인기 있어.
5. My friend Roy is so lucky. — 건강한 / (운이 좋은)
   내 친구 로이는 매우 운이 좋아.

친구가 아닌 다른 대상을 소개하고자 할 때는 'My ~, 이름'을 써서 표현할 수 있다.
My brother James is cute. 나의 남동생 제임스는 귀엽다.
My pet Leon is big. 나의 반려동물 레옹은 크다.

배운 단어로 문장을 이해해요!

- ★ 친구를 소개할 때는 My friend 뒤에 친구의 이름을 써서 '내 친구 ~'라고 표현해요.
- so는 very와 비슷한 뜻으로, 뒤에 오는 말을 강조해서 '매우 ~'라는 의미를 나타내요.
- so 뒤에는 성격이나 외모 등을 나타내는 다양한 단어가 올 수 있어요.

  EX My friend Jane is so kind. 내 친구 제인은 매우 친절해.
  My friend Ron is so tall. 내 친구 론은 매우 키가 커.

B Look & Write 다음 그림에 맞게 주어진 철자를 배열하여 문장을 완성하세요.

1. m a l c
   → My friend Roy is so calm.
2. p o l r a u p
   → My friend Roy is so popular.
3. h e y h a t l
   → My friend Roy is so healthy.

C Write & Speak 다음 우리말에 맞게 카드를 배열한 후, 완성된 문장을 큰 소리로 읽으세요.

1. 내 친구 로이는 매우 재미있어.
   is | my friend | . | so funny | Roy
   → My friend Roy is so funny.
2. 내 친구 로이는 매우 운이 좋아.
   so lucky | . | is | Roy | my friend
   → My friend Roy is so lucky.

20쪽 21쪽

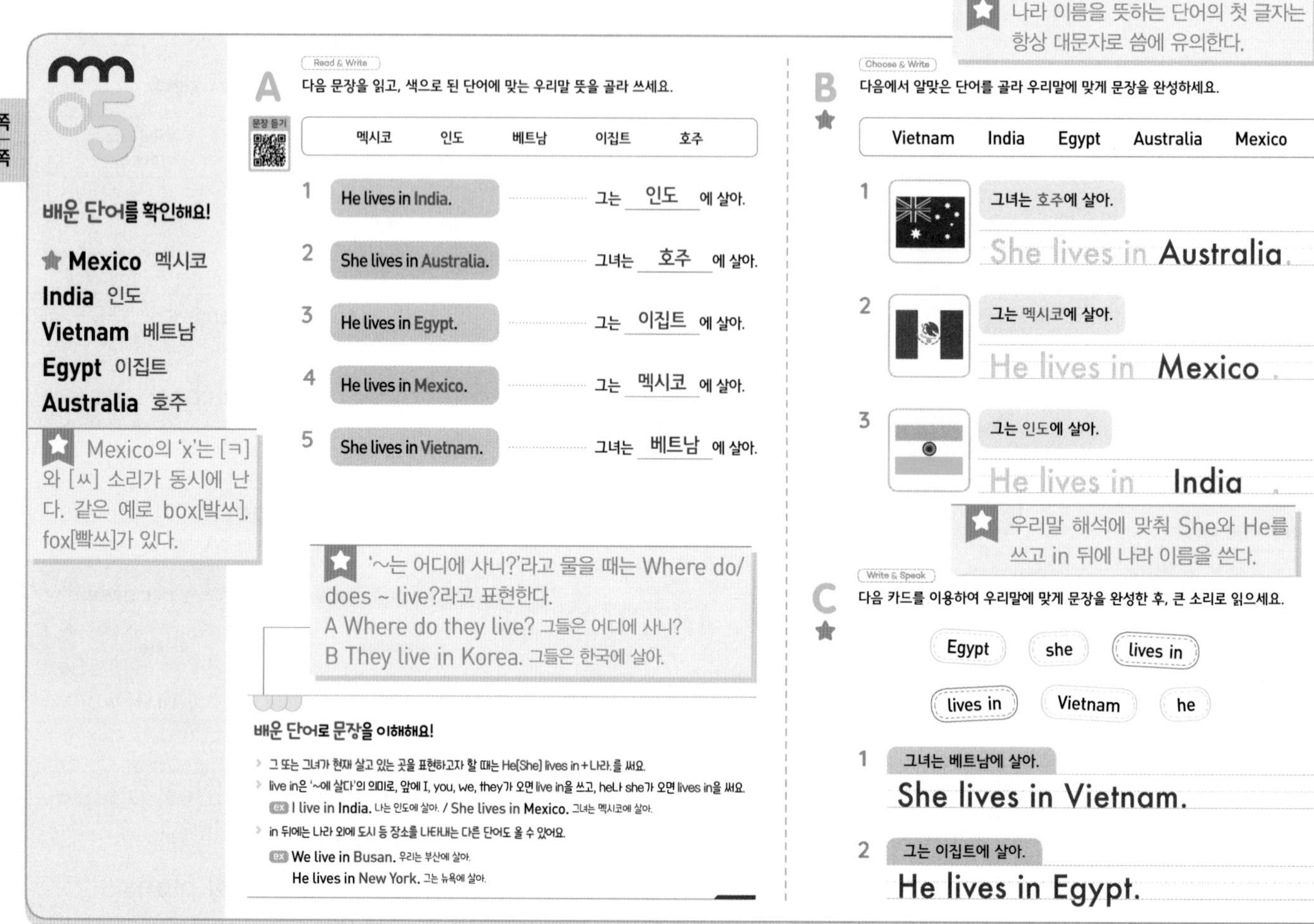

24쪽 25쪽

05

배운 단어를 확인해요!

★ **Mexico** 멕시코
India 인도
Vietnam 베트남
Egypt 이집트
Australia 호주

★ Mexico의 'x'는 [ㅋ]와 [ㅆ] 소리가 동시에 난다. 같은 예로 box[박쓰], fox[빡쓰]가 있다.

A Read & Write
다음 문장을 읽고, 색으로 된 단어에 맞는 우리말 뜻을 골라 쓰세요.

문장 듣기

멕시코 인도 베트남 이집트 호주

1 He lives in India. 그는 인도 에 살아.
2 She lives in Australia. 그녀는 호주 에 살아.
3 He lives in Egypt. 그는 이집트 에 살아.
4 He lives in Mexico. 그는 멕시코 에 살아.
5 She lives in Vietnam. 그녀는 베트남 에 살아.

★ '~는 어디에 사니?'라고 물을 때는 Where do/does ~ live?라고 표현한다.
A Where do they live? 그들은 어디에 사니?
B They live in Korea. 그들은 한국에 살아.

배운 단어로 문장을 이해해요!

- 그 또는 그녀가 현재 살고 있는 곳을 표현하고자 할 때는 He[She] lives in+나라.를 써요.
- live in은 '~에 살다'의 의미로, 앞에 I, you, we, they가 오면 live in을 쓰고, he나 she가 오면 lives in을 써요.
  ex I live in India. 나는 인도에 살아. / She lives in Mexico. 그녀는 멕시코에 살아.
- in 뒤에는 나라 외에 도시 등 장소를 나타내는 다른 단어도 올 수 있어요.
  ex We live in Busan. 우리는 부산에 살아.
  He lives in New York. 그는 뉴욕에 살아.

★ 나라 이름을 뜻하는 단어의 첫 글자는 항상 대문자로 씀에 유의한다.

B ★ Choose & Write
다음에서 알맞은 단어를 골라 우리말에 맞게 문장을 완성하세요.

Vietnam India Egypt Australia Mexico

1 그녀는 호주에 살아.
She lives in Australia.
2 그는 멕시코에 살아.
He lives in Mexico.
3 그는 인도에 살아.
He lives in India.

★ 우리말 해석에 맞춰 She와 He를 쓰고 in 뒤에 나라 이름을 쓴다.

C ★ Write & Speak
다음 카드를 이용하여 우리말에 맞게 문장을 완성한 후, 큰 소리로 읽으세요.

Egypt she lives in lives in Vietnam he

1 그녀는 베트남에 살아.
She lives in Vietnam.
2 그는 이집트에 살아.
He lives in Egypt.

26쪽 27쪽

Review 01-05

A 단어 발음을 듣고, 우리말 뜻에 맞는 카드를 찾아 단어를 완성하세요.

단어 듣기

-rder -opular -eason -ried rice -elicious -ruit -ealthy -ietnam

1 맛있는 delicious
2 과일 fruit
3 건강한 healthy
4 계절 season
5 주문하다 order
6 베트남 vietnam
7 인기 있는 popular
8 볶음밥 fried rice

B 다음 문장을 우리말로 표현할 때 빈칸에 알맞은 우리말 뜻을 쓰세요.

1 She lives in Australia. 그녀는 호주 에 살아.
2 I'd like to pasta, please. 나는 파스타 를 원해요.
3 I like spring the most. 나는 봄 을 가장 좋아해.
4 My friend Roy is so lucky. 내 친구 로이는 매우 운이 좋아 .
5 Is this watermelon delicious? 이 수박 은 맛있니?

C Let's Play
그림에 알맞은 단어를 쓴 후, 각 번호에 해당하는 알파벳으로 문장을 완성하세요.

1  p i(1) n e(2) a p p l e
2  f u(3) n n y
3  c a l m(4)
4  s a n d w i c h(5)
5  m(6) a n g o(7)
6  E g y p t(8)

★ I l i(1) k e(2) s u(3) m(4) mer t h(5) e m(6) o(7) s t(8).

★ 나는 여름을 가장 좋아해.

06

배운 단어를 확인해요!

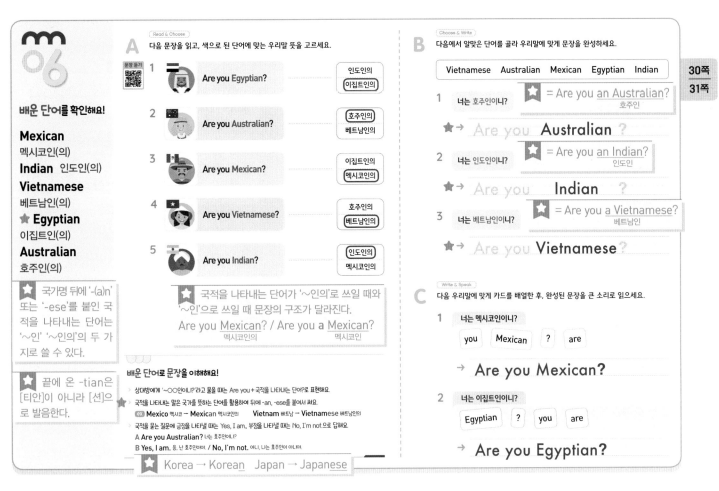

Mexican 멕시코인(의)
Indian 인도인(의)
Vietnamese 베트남인(의)
★ **Egyptian** 이집트인(의)
Australian 호주인(의)

★ 국가명 뒤에 '-(a)n' 또는 '-ese'를 붙인 국적을 나타내는 단어는 '~인' '~인의'의 두 가지로 쓸 수 있다.

★ 끝에 온 -tian은 [티안]이 아니라 [션]으로 발음한다.

A Read & Choose
다음 문장을 읽고, 색으로 된 단어에 맞는 우리말 뜻을 고르세요.

1. Are you Egyptian? — 인도인의 / **(이집트인의)**
2. Are you Australian? — **(호주인의)** / 베트남인의
3. Are you Mexican? — 이집트인의 / **(멕시코인의)**
4. Are you Vietnamese? — 호주인의 / **(베트남인의)**
5. Are you Indian? — **(인도인의)** / 멕시코인의

★ 국적을 나타내는 단어가 '~인의'로 쓰일 때와 '~인'으로 쓰일 때 문장의 구조가 달라진다.
Are you Mexican? / Are you a Mexican?
멕시코인의 / 멕시코인

배운 단어로 문장을 이해해요!

- 상대방에게 '~OO인이니?'라고 물을 때는 Are you + 국적을 나타내는 단어?로 표현해요.
- ★ 국적을 나타내는 말은 국가를 뜻하는 단어를 활용하여 뒤에 -an, -ese를 붙여서 써요.
  ex Mexico 멕시코 → Mexican 멕시코인의 Vietnam 베트남 → Vietnamese 베트남인의
- 국적을 묻는 질문에 긍정을 나타낼 때는 Yes, I am., 부정을 나타낼 때는 No, I'm not.으로 답해요.
  A Are you Australian? 너는 호주인이니?
  B Yes, I am. 응, 난 호주인이야. / No, I'm not. 아니, 나는 호주인이 아니야.

★ Korea → Korean Japan → Japanese

B Choose & Write
다음에서 알맞은 단어를 골라 우리말에 맞게 문장을 완성하세요.

Vietnamese Australian Mexican Egyptian Indian

1. 너는 호주인이니?
   ★ = Are you an Australian? (호주인)
   ★→ Are you **Australian** ?
2. 너는 인도인이니?
   ★ = Are you an Indian? (인도인)
   ★→ Are you **Indian** ?
3. 너는 베트남인이니?
   ★ = Are you a Vietnamese? (베트남인)
   ★→ Are you **Vietnamese**?

C Write & Speak
다음 우리말에 맞게 카드를 배열한 후, 완성된 문장을 큰 소리로 읽으세요.

1. 너는 멕시코인이니?
   you / Mexican / ? / are
   → **Are you Mexican?**
2. 너는 이집트인이니?
   Egyptian / ? / you / are
   → **Are you Egyptian?**

30쪽 31쪽

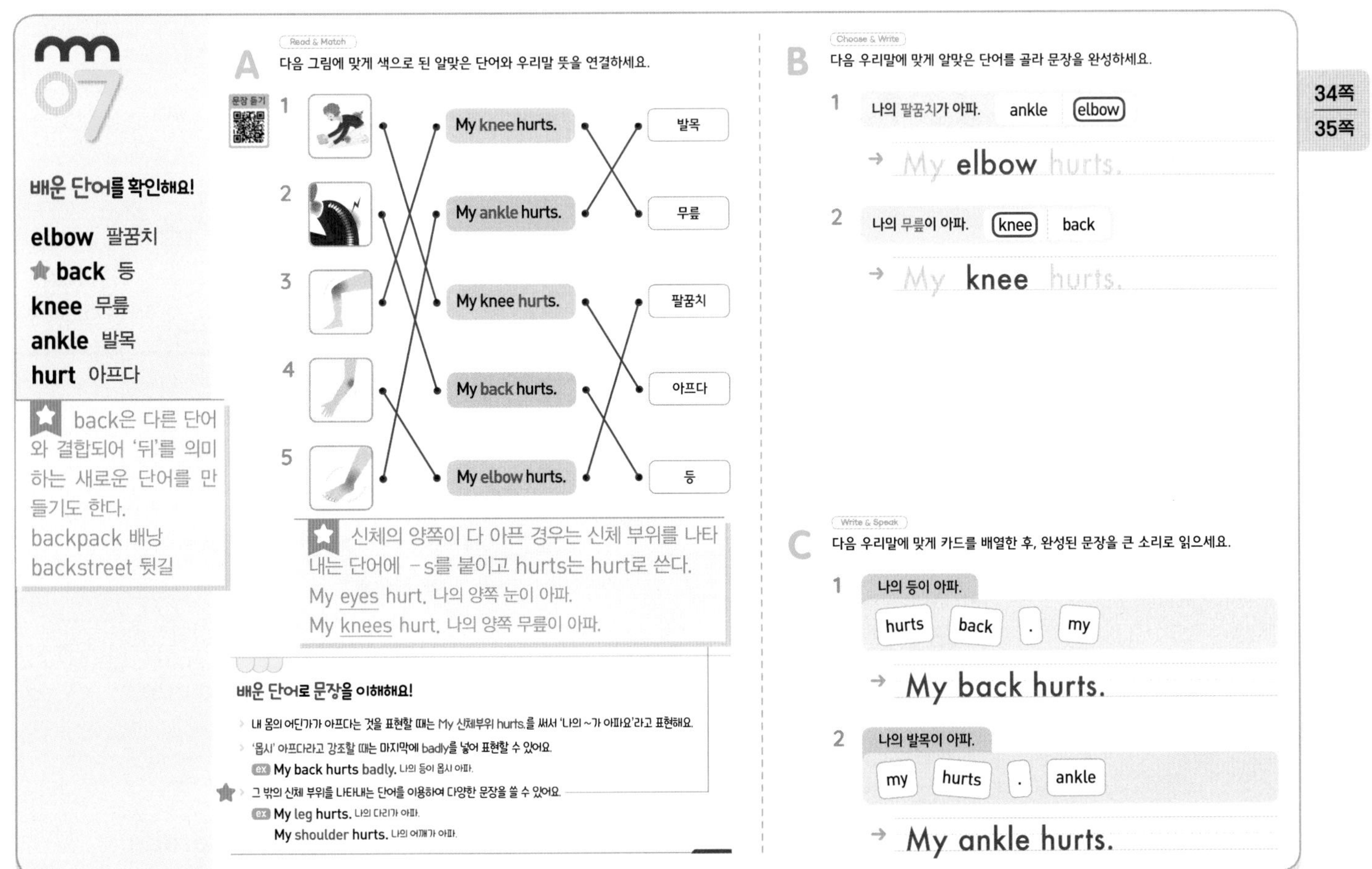

07

배운 단어를 확인해요!

elbow 팔꿈치
★ **back** 등
knee 무릎
ankle 발목
hurt 아프다

★ back은 다른 단어와 결합되어 '뒤'를 의미하는 새로운 단어를 만들기도 한다.
backpack 배낭
backstreet 뒷길

A Read & Match
다음 그림에 맞게 색으로 된 알맞은 단어와 우리말 뜻을 연결하세요.

1. My knee hurts. — 발목
2. My ankle hurts. — 무릎
3. My knee hurts. — 팔꿈치
4. My back hurts. — 아프다
5. My elbow hurts. — 등

★ 신체의 양쪽이 다 아픈 경우는 신체 부위를 나타내는 단어에 -s를 붙이고 hurts는 hurt로 쓴다.
My eyes hurt. 나의 양쪽 눈이 아파.
My knees hurt. 나의 양쪽 무릎이 아파.

배운 단어로 문장을 이해해요!

- 내 몸의 어딘가가 아프다는 것을 표현할 때는 My 신체부위 hurts.를 써서 '나의 ~가 아파요'라고 표현해요.
- '몹시' 아프다라고 강조할 때는 마지막에 badly를 넣어 표현할 수 있어요.
  ex My back hurts badly. 나의 등이 몹시 아파.
- ★ 그 밖의 신체 부위를 나타내는 단어를 이용하여 다양한 문장을 쓸 수 있어요.
  ex My leg hurts. 나의 다리가 아파.
  My shoulder hurts. 나의 어깨가 아파.

B Choose & Speak
다음 우리말에 맞게 알맞은 단어를 골라 문장을 완성하세요.

1. 나의 팔꿈치가 아파. ankle / **(elbow)**
   → My **elbow** hurts.
2. 나의 무릎이 아파. **(knee)** / back
   → My **knee** hurts.

C Write & Speak
다음 우리말에 맞게 카드를 배열한 후, 완성된 문장을 큰 소리로 읽으세요.

1. 나의 등이 아파.
   hurts / back / . / my
   → **My back hurts.**
2. 나의 발목이 아파.
   my / hurts / . / ankle
   → **My ankle hurts.**

34쪽 35쪽

★ oval은 모음 소리[o/오우]로 시작하므로 앞에 an이 온다.

★ triangle의 g와 square의 q는 소문자로 쓸 때 줄노트의 아래까지 내려써야 함에 유의한다.

38쪽
39쪽

08

배운 단어를 확인해요!

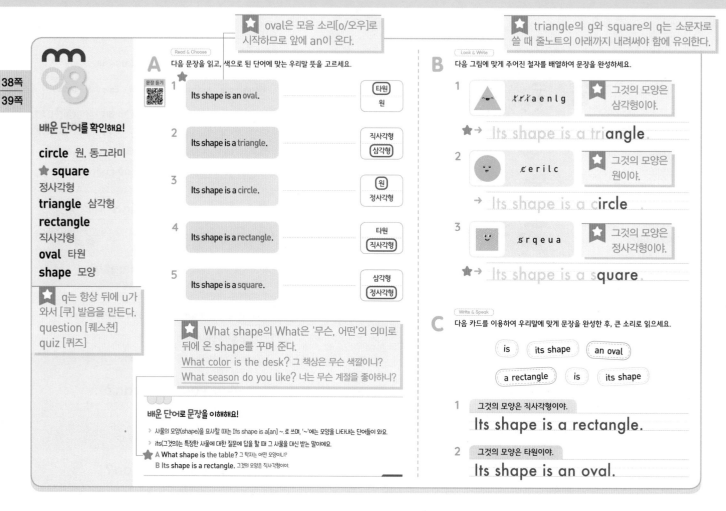

circle 원, 동그라미
★ square 정사각형
triangle 삼각형
rectangle 직사각형
oval 타원
shape 모양

★ q는 항상 뒤에 u가 와서 [쿠] 발음을 만든다.
question [퀘스천]
quiz [퀴즈]

A
Read & Choose

다음 문장을 읽고, 색으로 된 단어에 맞는 우리말 뜻을 고르세요.

문장 듣기

1 Its shape is an oval. — (타원) / 원
2 Its shape is a triangle. — 직사각형 / (삼각형)
3 Its shape is a circle. — (원) / 정사각형
4 Its shape is a rectangle. — 타원 / (직사각형)
5 Its shape is a square. — 삼각형 / (정사각형)

★ What shape의 What은 '무슨, 어떤'의 의미로 뒤에 온 shape를 꾸며 준다.
What color is the desk? 그 책상은 무슨 색깔이니?
What season do you like? 너는 무슨 계절을 좋아하니?

배운 단어로 문장을 이해해요!

- 사물의 모양(shape)을 묘사할 때는 Its shape is a[an] ~.로 쓰며, '~'에는 모양을 나타내는 단어들이 와요.
- its(그것의)는 특정한 사물에 대한 질문에 답을 할 때 그 사물을 대신 받는 말이에요.

★ A What shape is the table? 그 탁자는 어떤 모양이니?
B Its shape is a rectangle. 그것의 모양은 직사각형이야.

B
Look & Write

다음 그림에 맞게 주어진 철자를 배열하여 문장을 완성하세요.

1 t r i a e n l g — ★ 그것의 모양은 삼각형이야.
★→ Its shape is a triangle.

2  c e r i l c — ★ 그것의 모양은 원이야.
→ Its shape is a circle.

3  s r q e u a — ★ 그것의 모양은 정사각형이야.
★→ Its shape is a square.

C
Write & Speak

다음 카드를 이용하여 우리말에 맞게 문장을 완성한 후, 큰 소리로 읽으세요.

is | its shape | an oval | a rectangle | is | its shape

1 그것의 모양은 직사각형이야.
Its shape is a rectangle.

2 그것의 모양은 타원이야.
Its shape is an oval.

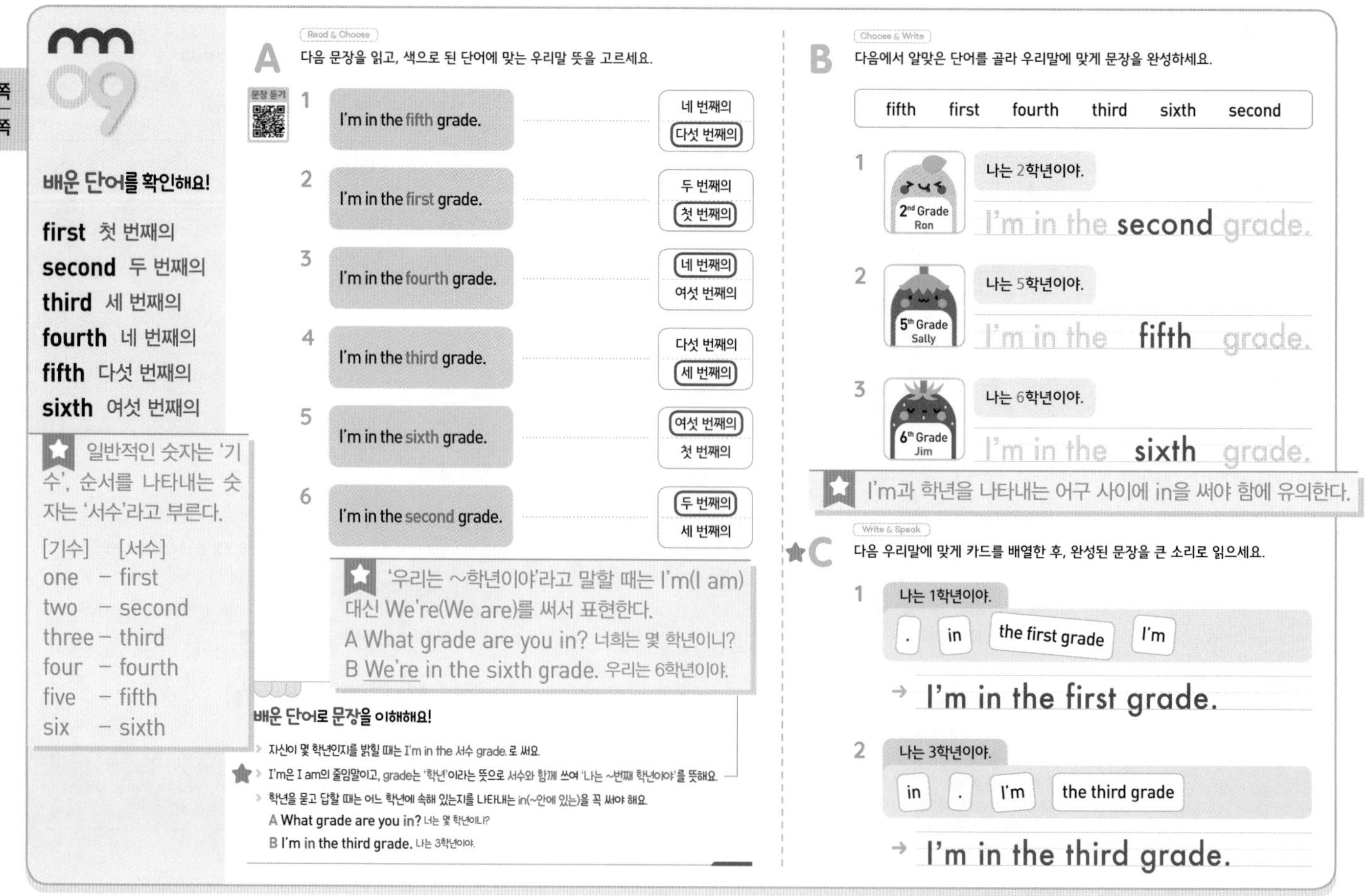

42쪽
43쪽

09

배운 단어를 확인해요!

first 첫 번째의
second 두 번째의
third 세 번째의
fourth 네 번째의
fifth 다섯 번째의
sixth 여섯 번째의

★ 일반적인 숫자는 '기수', 순서를 나타내는 숫자는 '서수'라고 부른다.
[기수] [서수]
one – first
two – second
three – third
four – fourth
five – fifth
six – sixth

A
Read & Choose

다음 문장을 읽고, 색으로 된 단어에 맞는 우리말 뜻을 고르세요.

문장 듣기

1 I'm in the fifth grade. — 네 번째의 / (다섯 번째의)
2 I'm in the first grade. — 두 번째의 / (첫 번째의)
3 I'm in the fourth grade. — (네 번째의) / 여섯 번째의
4 I'm in the third grade. — 다섯 번째의 / (세 번째의)
5 I'm in the sixth grade. — (여섯 번째의) / 첫 번째의
6 I'm in the second grade. — (두 번째의) / 세 번째의

★ '우리는 ~학년이야'라고 말할 때는 I'm(I am) 대신 We're(We are)를 써서 표현한다.
A What grade are you in? 너희는 몇 학년이니?
B We're in the sixth grade. 우리는 6학년이야.

배운 단어로 문장을 이해해요!

- 자신이 몇 학년인지를 밝힐 때는 I'm in the 서수 grade.로 써요.
- ★ I'm은 I am의 줄임말이고, grade는 '학년'이라는 뜻으로 서수와 함께 쓰여 '나는 ~번째 학년이야'를 뜻해요.
- 학년을 묻고 답할 때는 어느 학년에 속해 있는지를 나타내는 in(~안에 있는)을 꼭 써야 해요.

A What grade are you in? 너는 몇 학년이니?
B I'm in the third grade. 나는 3학년이야.

B
Choose & Write

다음에서 알맞은 단어를 골라 우리말에 맞게 문장을 완성하세요.

fifth | first | fourth | third | sixth | second

1 (2nd Grade Ron) 나는 2학년이야.
I'm in the second grade.

2 (5th Grade Sally) 나는 5학년이야.
I'm in the fifth grade.

3 (6th Grade Jim) 나는 6학년이야.
I'm in the sixth grade.

★ I'm과 학년을 나타내는 어구 사이에 in을 써야 함에 유의한다.

★C
Write & Speak

다음 우리말에 맞게 카드를 배열한 후, 완성된 문장을 큰 소리로 읽으세요.

1 나는 1학년이야.
. | in | the first grade | I'm
→ I'm in the first grade.

2 나는 3학년이야.
in | . | I'm | the third grade
→ I'm in the third grade.

10

배운 단어를 확인해요!

seventh 일곱 번째의
eighth 여덟 번째의
ninth 아홉 번째의
tenth 열 번째의
hundredth 백 번째의

eigh-에서 gh는 묵음으로, [에이]로 발음한다.

A
Read & Write
다음 문장을 읽고, 색으로 된 단어에 맞는 우리말 뜻을 골라 쓰세요.

문장 듣기

~~일곱 번째의 - 7층~~ 여덟 번째의 - 8층 아홉 번째의 - 9층 열 번째의 - 10층 백 번째의 - 100층

1 It's on the seventh floor. … 그곳은 일곱 번째의 층 (7층)에 있어.
2 It's on the hundredth floor. … 그곳은 백 번째의 층 (100층)에 있어.
3 It's on the ninth floor. … 그곳은 아홉 번째의 층 (9층)에 있어.
4 It's on the tenth floor. … 그곳은 열 번째의 층 (10층)에 있어.
5 It's on the eighth floor. … 그곳은 여덟 번째의 층 (8층)에 있어.

뒤에 오는 단어의 발음이 모음(e/에)으로 시작할 때 the는 [더]가 아닌 [디]로 발음한다.

floor는 '층' 외에 '(방의) 바닥'이라는 의미도 있다.
many books on the floor 바닥에 있는 많은 책들

배운 단어로 문장을 이해해요!

- 어떤 장소가 건물의 몇 층에 있는지를 말할 때는 It's on the 서수 floor.로 써요.
- It's는 It is의 줄임말이고, floor는 '층'이라는 뜻으로 서수와 함께 와서 '~번째 층(~층)'이라는 의미를 나타내요.
- 층수를 묻고 답할 때는 on(~위에 있는)을 꼭 써야 해요.

A What floor is your office on? 네 사무실은 몇 층에 있니?
B It's on the tenth floor. 그곳은 10층에 있어.

your office 대신 다른 표현을 넣어 층수를 묻고 답할 수 있다.
A What floor is a shoe store on? 신발 가게는 몇 층에 있니?
B It's on the seventh floor. 그곳은 7층에 있어.

B
Look & Write
다음 그림에 맞게 주어진 철자를 배열하여 문장을 완성하세요.

1  7F s e n t e v h
→ It's on the seventh floor.

2  9F n i t n h
→ It's on the ninth floor.

It's와 층수를 나타내는 어구 사이에 on을 써야 함에 유의한다.

C
Write & Speak
다음 우리말에 맞게 카드를 배열한 후, 완성된 문장을 큰 소리로 읽으세요.

1 그곳은 8층에 있어.
. / on / the eight floor / it's
→ It's on the eighth floor.

2 그곳은 100층에 있어.
the hundredth floor / it's / . / on
→ It's on the hundredth floor.

46쪽 47쪽

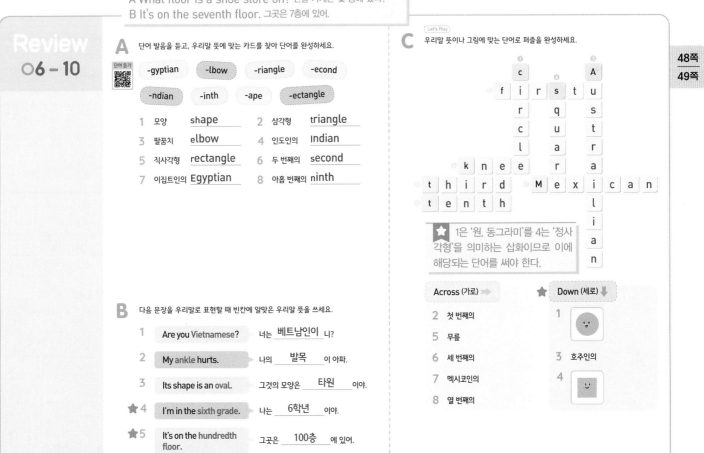

Review 06 - 10

A
단어 발음을 듣고, 우리말 뜻에 맞는 카드를 찾아 단어를 완성하세요.

단어 듣기

-gyptian / -lbow / -riangle / -econd / -ndian / -inth / -ape / -ectangle

1 모양 shape
2 삼각형 triangle
3 팔꿈치 elbow
4 인도인의 Indian
5 직사각형 rectangle
6 두 번째의 second
7 이집트인의 Egyptian
8 아홉 번째의 ninth

B
다음 문장을 우리말로 표현할 때 빈칸에 알맞은 우리말 뜻을 쓰세요.

1 Are you Vietnamese? 너는 베트남인이 니?
2 My ankle hurts. 나의 발목 이 아파.
3 Its shape is an oval. 그것의 모양은 타원 이야.
4 I'm in the sixth grade. 나는 6학년 이야.
5 It's on the hundredth floor. 그곳은 100층 에 있어.

4번과 5번 문제는 grade와 floor를 포함한 우리말 뜻이 되도록 쓴다.

C
Let's Play
우리말 뜻이나 그림에 맞는 단어로 퍼즐을 완성하세요.

Across: 2 first, 5 knee, 6 third, 7 Mexican, 8 tenth
Down: 1 circle, 3 Australian, 4 square

1은 '원, 동그라미'를 4는 '정사각형'을 의미하는 삽화이므로 이에 해당되는 단어를 써야 한다.

Across (가로)
2 첫 번째의
5 무릎
6 세 번째의
7 멕시코인의
8 열 번째의

Down (세로)
1 
3 호주인의
4

48쪽 49쪽

52쪽
53쪽

11

뒤에 오는 단어의 발음이 모음(a/에)으로 시작할 때 the는 [더]가 아닌 [디]로 발음한다.

배운 단어를 확인해요!

- ★ **gym** 체육관
- **restaurant** 음식점, 식당
- ★ **supermarket** 슈퍼마켓
- **airport** 공항
- **city hall** 시청

★ gym은 gymnasium[짐네이지엄]의 줄임말이다.

★ 일상에서 줄여서 super(슈퍼)라고 부르는데, 이는 잘못된 표현으로, supermarket 또는 grocery store라고 써야 한다.

Read & Match

A 다음 그림에 맞게 색으로 된 알맞은 단어와 우리말 뜻을 연결하세요.

문장 듣기

1. How can I get to the airport? — 공항
2. How can I get to the city hall? — 시청
3. How can I get to the gym? — 체육관
4. How can I get to the restaurant? — 음식점
5. How can I get to the supermarket? — 슈퍼마켓

(음식점 / 체육관 / 공항 / 슈퍼마켓 / 시청)

★ 특정 장소로 가는 방법을 물을 때 장소 앞에는 항상 the를 쓴다.

배운 단어로 문장을 이해해요!

- 특정 장소로 가는 길을 물을 때는 How can I get to+장소?를 사용하여 '제가 ~에 어떻게 갈 수 있나요?'라고 말할 수 있어요.
- ★ how는 '어떻게'라는 뜻으로 '방법'을 나타내고, get to는 '~에 가다, ~에 이르다'라는 의미예요.
- How can I get to+장소?는 Where is+장소?로도 바꿔 쓸 수 있어요.
  - ex How can I get to the supermarket? 저는 슈퍼마켓에 어떻게 갈 수 있나요?
  - = Where is the supermarket? 슈퍼마켓은 어디에 있나요?

★ go to(~로 가다)와 비교할 때 get to는 '(가서) ~에 도착하다'의 의미로 길을 묻고 답할 때 자주 쓰는 표현이다.

Choose & Write

B 다음 우리말에 맞게 알맞은 단어를 골라 문장을 완성하세요.

1. 제가 공항에 어떻게 갈 수 있나요? supermarket (airport)
   → How can I get to the airport ?
2. 제가 음식점에 어떻게 갈 수 있나요? (restaurant) gym
   → How can I get to the restaurant?
3. ★ 제가 시청에 어떻게 갈 수 있나요? hall city (city hall)
   → How can I get to the city hall ?

★ city hall은 어떤 도시를 대표하는 상징물로, hall((회의 등을 위한) 큰 방이나 건물) 앞에 city를 붙여 '시청'이라는 의미를 나타낸다.

Write & Speak

C 다음 카드를 이용하여 우리말에 맞게 문장을 완성한 후, 큰 소리로 읽으세요.

can I get to / how / the gym / the supermarket / can I get to / how

1. 제가 체육관에 어떻게 갈 수 있나요?
   How can I get to the gym?
2. 제가 슈퍼마켓에 어떻게 갈 수 있나요?
   How can I get to the supermarket?

56쪽
57쪽

12

배운 단어를 확인해요!

- **straight** 곧장, 직진하여
- ★ **right** 오른쪽으로
- ★ **left** 왼쪽으로
- **turn** 돌다, 회전하다
- **block** 블록, 구역

★ right와 left는 '오른쪽(의)'와 '왼쪽(의)'로도 쓸 수 있다.

on the right (오른쪽)

my left eye (왼쪽의)

Read & Choose

A 다음 문장을 읽고, 색으로 된 단어에 맞는 우리말 뜻을 고르세요.

문장 듣기

1. Turn left. — 오른쪽으로 / (왼쪽으로)
2. Go straight. — (직진하여) / 돌다
3. Turn right. — 왼쪽으로 / (오른쪽으로)
4. Turn left. — 가다 / (돌다)
5. 1 block — Go straight one block. — (블록) / 직진하여

★ 길을 묻고 안내하는 다양한 문장을 쓸 수 있다.
A Where is the restaurant? 음식점은 어디에 있나요?
B Go straight one block and turn right.
한 블록을 직진해서 오른쪽으로 도세요.

배운 단어로 문장을 이해해요!

- 길을 안내할 때는 'Go/Turn+방향을 나타내는 단어'를 이용하여 표현할 수 있어요.
- 보다 상세한 위치를 알려 주려면 block((도로로 나뉘는) 구역, 블록)을 써서 one block, two blocks, three blocks... 등으로 표현할 수 있어요.
- ★ go, turn, 방향을 나타내는 단어(straight/right/left), block을 활용하여 다양한 길 안내 표현을 쓸 수 있어요.
  - A How can I get to the gym? 제가 체육관에 어떻게 갈 수 있나요?
  - B Turn left and go straight two blocks. 왼쪽으로 돌아 두 블록을 직진해서 가세요.

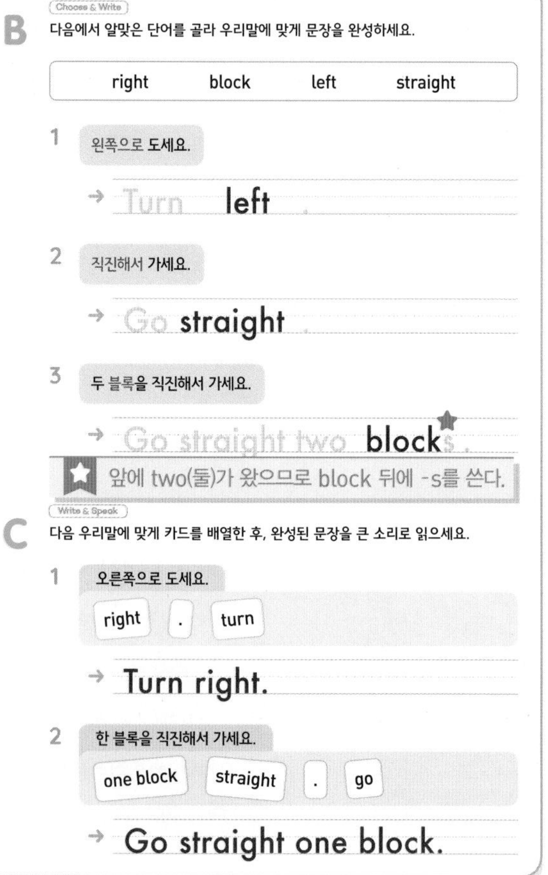

Choose & Write

B 다음에서 알맞은 단어를 골라 우리말에 맞게 문장을 완성하세요.

right / block / left / straight

1. 왼쪽으로 도세요.
   → Turn left .
2. 직진해서 가세요.
   → Go straight .
3. 두 블록을 직진해서 가세요.
   → Go straight two blocks★ .

★ 앞에 two(둘)가 왔으므로 block 뒤에 -s를 쓴다.

Write & Speak

C 다음 우리말에 맞게 카드를 배열한 후, 완성된 문장을 큰 소리로 읽으세요.

1. 오른쪽으로 도세요.
   right / . / turn
   → Turn right.
2. 한 블록을 직진해서 가세요.
   one block / straight / . / go
   → Go straight one block.

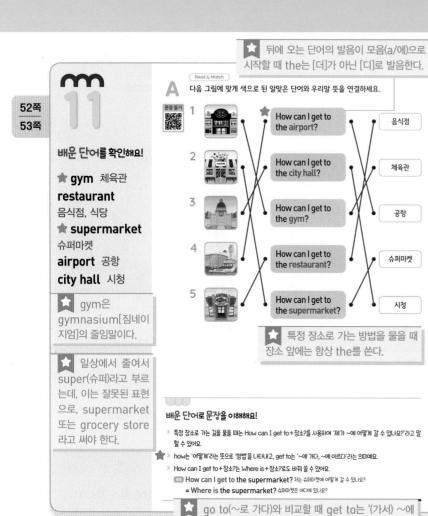

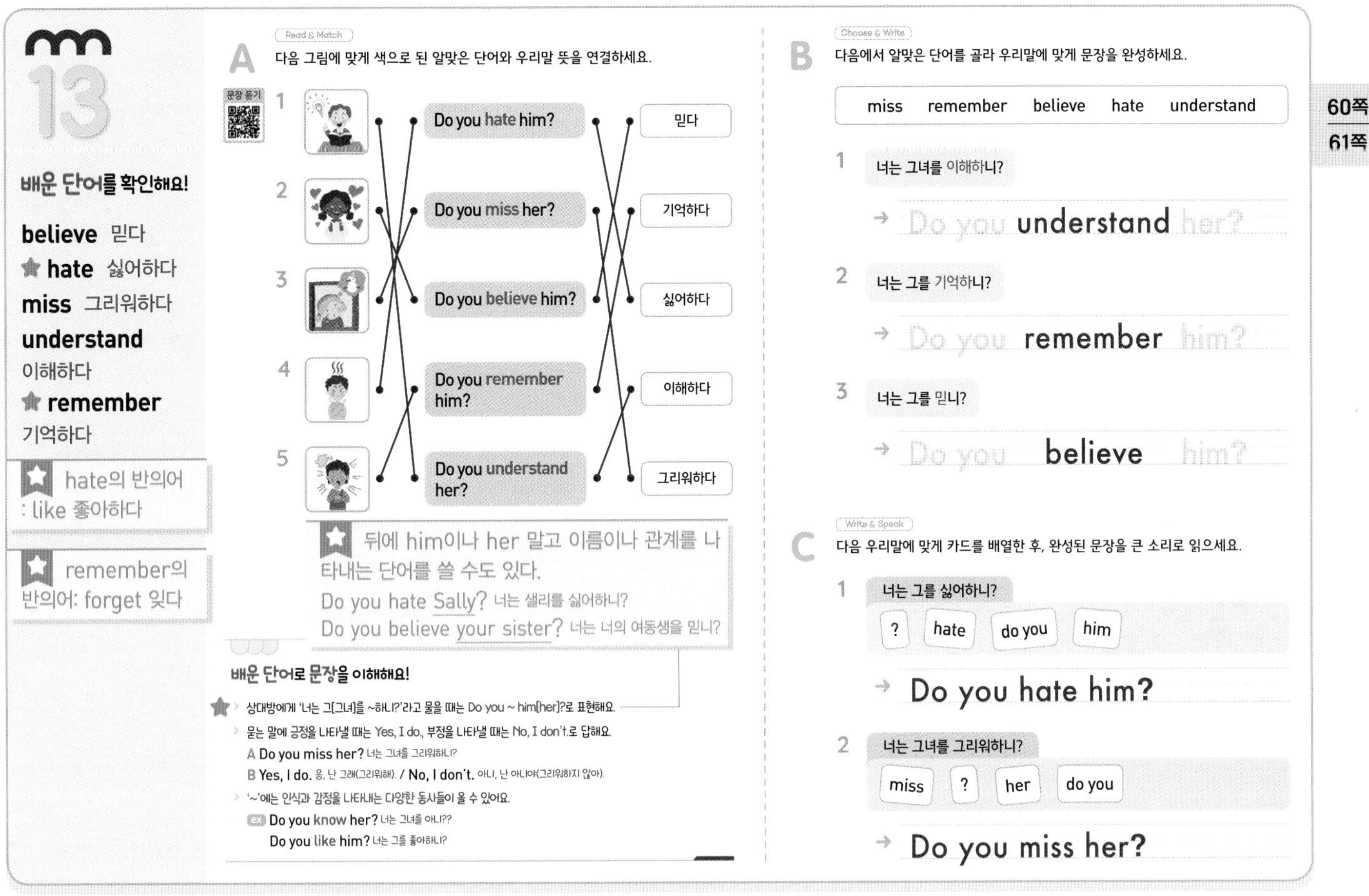

13

배운 단어를 확인해요!

believe 믿다
★ **hate** 싫어하다
miss 그리워하다
understand 이해하다
★ **remember** 기억하다

★ hate의 반의어: like 좋아하다

★ remember의 반의어: forget 잊다

A Read & Match 다음 그림에 맞게 색으로 된 알맞은 단어와 우리말 뜻을 연결하세요.

문장 듣기

1. Do you hate him? — 믿다
2. Do you miss her? — 기억하다
3. Do you believe him? — 싫어하다
4. Do you remember him? — 이해하다
5. Do you understand her? — 그리워하다

★ 뒤에 him이나 her 말고 이름이나 관계를 나타내는 단어를 쓸 수도 있다.
Do you hate Sally? 너는 샐리를 싫어하니?
Do you believe your sister? 너는 너의 여동생을 믿니?

배운 단어로 문장을 이해해요!

★ 상대방에게 '너는 그[그녀]를 ~하니?'라고 물을 때는 Do you ~ him[her]?로 표현해요.
- 묻는 말에 긍정을 나타낼 때는 Yes, I do., 부정을 나타낼 때는 No, I don't.로 답해요.
  A Do you miss her? 너는 그녀를 그리워하니?
  B Yes, I do. 응, 난 그래(그리워해). / No, I don't. 아니, 난 아니야(그리워하지 않아).
- '~'에는 인식과 감정을 나타내는 다양한 동사들이 올 수 있어요.
  ex Do you know her? 너는 그녀를 아니??
  Do you like him? 너는 그를 좋아하니?

B Choose & Write 다음에서 알맞은 단어를 골라 우리말에 맞게 문장을 완성하세요.

miss remember believe hate understand

1. 너는 그녀를 이해하니?
→ Do you understand her?
2. 너는 그를 기억하니?
→ Do you remember him?
3. 너는 그를 믿니?
→ Do you believe him?

C Write & Speak 다음 우리말에 맞게 카드를 배열한 후, 완성된 문장을 큰 소리로 읽으세요.

1. 너는 그를 싫어하니?
? | hate | do you | him
→ Do you hate him?
2. 너는 그녀를 그리워하니?
miss | ? | her | do you
→ Do you miss her?

60쪽
61쪽

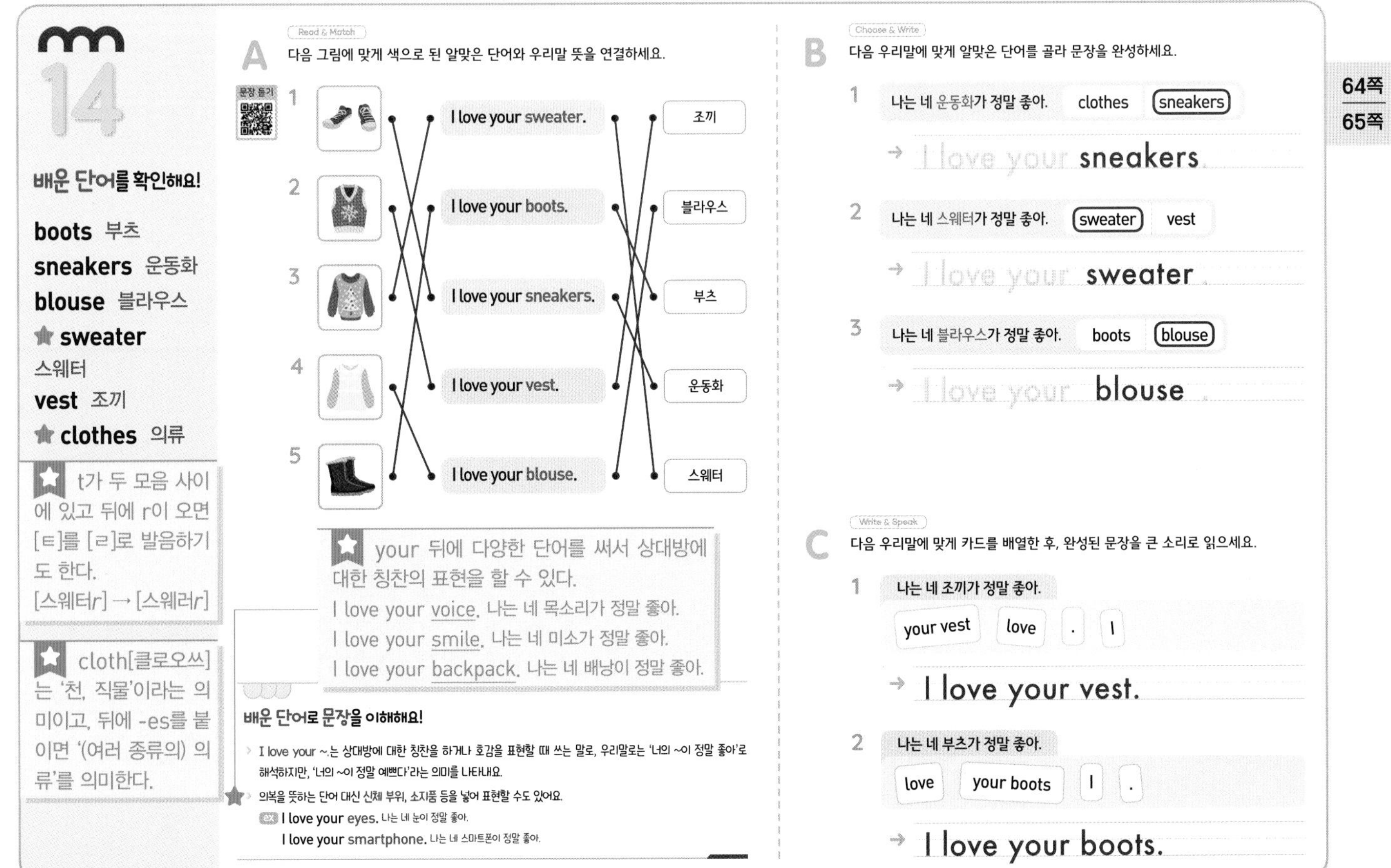

14

배운 단어를 확인해요!

boots 부츠
sneakers 운동화
blouse 블라우스
★ **sweater** 스웨터
vest 조끼
★ **clothes** 의류

★ t가 두 모음 사이에 있고 뒤에 r이 오면 [ㅌ]를 [ㄹ]로 발음하기도 한다. [스웨터r] → [스웨러r]

★ cloth[클로오쓰]는 '천, 직물'이라는 의미이고, 뒤에 -es를 붙이면 '(여러 종류의) 의류'를 의미한다.

A Read & Match 다음 그림에 맞게 색으로 된 알맞은 단어와 우리말 뜻을 연결하세요.

문장 듣기

1. I love your sweater. — 조끼
2. I love your boots. — 블라우스
3. I love your sneakers. — 부츠
4. I love your vest. — 운동화
5. I love your blouse. — 스웨터

★ your 뒤에 다양한 단어를 써서 상대방에 대한 칭찬의 표현을 할 수 있다.
I love your voice. 나는 네 목소리가 정말 좋아.
I love your smile. 나는 네 미소가 정말 좋아.
I love your backpack. 나는 네 배낭이 정말 좋아.

배운 단어로 문장을 이해해요!

- I love your ~.는 상대방에 대한 칭찬을 하거나 호감을 표현할 때 쓰는 말로, 우리말로는 '너의 ~이 정말 좋아'로 해석하지만, '너의 ~이 정말 예쁘다'라는 의미를 나타내요.
★ 의복을 뜻하는 단어 대신 신체 부위, 소지품 등을 넣어 표현할 수도 있어요.
  ex I love your eyes. 나는 네 눈이 정말 좋아.
  I love your smartphone. 나는 네 스마트폰이 정말 좋아.

B Choose & Write 다음 우리말에 맞게 알맞은 단어를 골라 문장을 완성하세요.

1. 나는 네 운동화가 정말 좋아. clothes (sneakers)
→ I love your sneakers.
2. 나는 네 스웨터가 정말 좋아. (sweater) vest
→ I love your sweater.
3. 나는 네 블라우스가 정말 좋아. boots (blouse)
→ I love your blouse.

C Write & Speak 다음 우리말에 맞게 카드를 배열한 후, 완성된 문장을 큰 소리로 읽으세요.

1. 나는 네 조끼가 정말 좋아.
your vest | love | . | I
→ I love your vest.
2. 나는 네 부츠가 정말 좋아.
love | your boots | I | .
→ I love your boots.

64쪽
65쪽

68쪽 69쪽

15

배운 단어를 확인해요!

★ weekday 평일
★ weekend 주말
today 오늘
yesterday 어제
tomorrow 내일

★ '주'를 뜻하는 week 뒤에 -day와 -end가 붙어 '평일'과 '주말'을 나타낸다.

Read & Write

A 다음 문장을 읽고, 색으로 된 단어에 맞는 우리말 뜻을 골라 쓰세요.

문장 듣기

내일 주말 오늘 평일 어제

1 I'm going swimming today. …… 나는 오늘 수영하러 가.
2 I go swimming on weekdays. …… 나는 평일 에 수영하러 가.
3 I went swimming yesterday. …… 나는 어제 수영하러 갔었어.
4 I go swimming on weekends. …… 나는 주말 에 수영하러 가.
5 I will go swimming tomorrow. …… 나는 내일 수영하러 갈 거야.

★ go -ing는 '하러 가다'를 의미한다. 대부분의 단어는 동사 원형에 -ing를 붙이지만 일부 단어는 마지막 철자를 한 번 더 쓰거나 e를 삭제한다.
go fishing 낚시하러 가다
go swimming 수영하러 가다 (swim에서 m 추가)
go skating 스케이트 타러 가다 (skate에서 e 삭제)

배운 단어로 문장을 이해해요!

- 과거 또는 현재의 일이나 미래의 계획을 말할 때는 뒤에 특정한 시점을 나타내는 단어를 써서 표현해요.
- 여러 날이 합쳐진 '주말에'나 '평일에'는 앞에 on을 쓰고 단어에 -s를 붙여, on weekdays, on weekends로 써요.
- ★ go의 형태를 바꾸어 '갔었다', '간다', '갈 것이다'를 표현할 수 있어요.

ex I went to school. 나는 학교에 갔었다.
I go to school. / I'm going to school. 나는 학교에 간다. ★
I will go to school. 나는 학교에 갈 것이다.

★ 나의 현재의 일(지금/가까운 미래)에 대해 말할 때는 동사원형이나 진행형(am -ing)으로 문장을 쓸 수 있다.
I buy apples. / I am buying apples. 나는 사과를 산다.

Choose & Write

B 다음에서 알맞은 단어를 골라 우리말에 맞게 문장을 완성하세요.

today tomorrow weekday yesterday weekend

1 나는 주말에 수영하러 가.
→ I go swimming on weekend s.
2 나는 어제 수영하러 갔었어.
→ I went swimming yesterday .
3 나는 오늘 수영하러 갈 거야.
→ I'm going swimming today .

★ '평일에'와 '내일'이라는 우리말 해석에 초점을 맞춰 각 문장에 알맞은 동사의 형태를 찾아야 한다.

Write & Speak

★ **C** 다음 카드를 이용하여 우리말에 맞게 문장을 완성한 후, 큰 소리로 읽으세요.

will go swimming I tomorrow I on weekdays go swimming

1 나는 평일에 수영하러 가.
I go swimming on weekdays.
2 나는 내일 수영하러 갈 거야.
I will go swimming tomorrow.

70쪽 71쪽

Review 11 – 15

A 단어 발음을 듣고, 우리말 뜻에 맞는 카드를 찾아 단어를 완성하세요.

단어 듣기

-oday -eft -omorrow -ity hall -upermarket -ate -lothes -esterday

1 어제 yesterday
2 시청 city hall
3 왼쪽으로 left
4 싫어하다 hate
5 오늘 today
6 의류 clothes
7 슈퍼마켓 supermarket
8 내일 tomorrow

B 다음 문장을 우리말로 표현할 때 빈칸에 알맞은 우리말 뜻을 쓰세요.

1 I love your sweater. 나는 네 스웨터 가 정말 좋아.
2 Do you believe him? 너는 그를 믿 니?
3 I go swimming on weekends. 나는 주말 에 수영하러 가.
4 How can I get to the airport? 제가 공항 에 어떻게 갈 수 있나요?
★5 Go straight one block. 한 블록 을 직진해서 가세요.

★ 5번 문제는 빈칸이 두 개이므로 각 단어에 맞는 우리말 뜻을 써야 한다.

Let's Play

C 그림에 알맞은 단어를 쓴 후, 각 번호에 해당하는 알파벳으로 문장을 완성하세요.

1  g y(1) m
2  t u(2) r n
3  r e s t a u r(3) a n t
4  s n e(4) a k e(5) r s
5  u n d e(6) r(7) s t a n d
6  r i(8) g h t

★ Do y(1) o u(2) r(3) e(4) m e(5) m b e(6) r(7) h i(8) m?

★ 너는 그를 기억하니?

16

배운 단어를 확인해요!

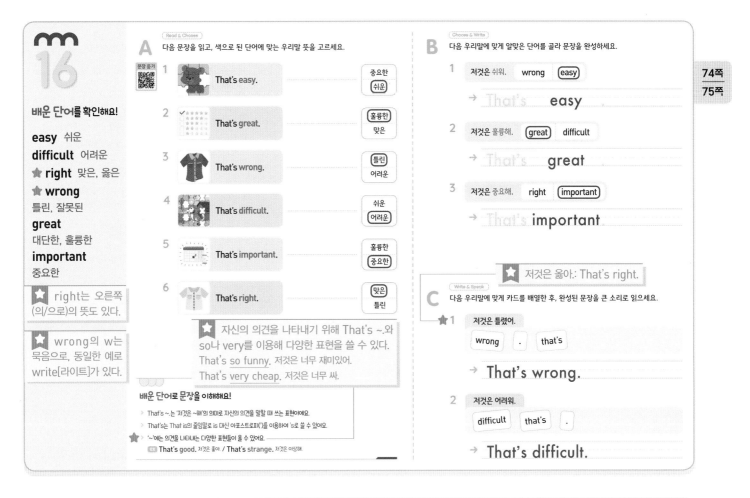

easy 쉬운
difficult 어려운
★ **right** 맞은, 옳은
★ **wrong** 틀린, 잘못된
great 대단한, 훌륭한
important 중요한

★ right는 오른쪽(의/으로)의 뜻도 있다.

★ wrong의 w는 묵음으로, 동일한 예로 write[라이트]가 있다.

A
Read & Choose

다음 문장을 읽고, 색으로 된 단어에 맞는 우리말 뜻을 고르세요.

문장 듣기

1 That's easy. — 중요한 / (쉬운)
2 That's great. — (훌륭한) / 맞은
3 That's wrong. — (틀린) / 어려운
4 That's difficult. — 쉬운 / (어려운)
5 That's important. — 훌륭한 / (중요한)
6 That's right. — (맞은) / 틀린

★ 자신의 의견을 나타내기 위해 That's ~.와 so나 very를 이용해 다양한 표현을 쓸 수 있다.
That's so funny. 저것은 너무 재미있어.
That's very cheap. 저것은 너무 싸.

배운 단어로 문장을 이해해요!

- That's ~.는 '저것은 ~해'의 의미로 자신의 의견을 말할 때 쓰는 표현이에요.
- That's는 That is의 줄임말로 is 대신 아포스트로피(')를 이용하여 's로 쓸 수 있어요.
- ★ '~'에는 의견을 나타내는 다양한 표현들이 올 수 있어요.
  EX That's good. 저것은 좋아. / That's strange. 저것은 이상해.

B
Choose & Write

다음 우리말에 맞게 알맞은 단어를 골라 문장을 완성하세요.

1 저것은 쉬워. wrong (easy)
→ That's easy.

2 저것은 훌륭해. (great) difficult
→ That's great.

3 저것은 중요해. right (important)
→ That's important.

★ 저것은 옳아.: That's right.

C
Write & Speak

다음 우리말에 맞게 카드를 배열한 후, 완성된 문장을 큰 소리로 읽으세요.

★1 저것은 틀렸어.
wrong / . / that's
→ That's wrong.

2 저것은 어려워.
difficult / that's / .
→ That's difficult.

74쪽 75쪽

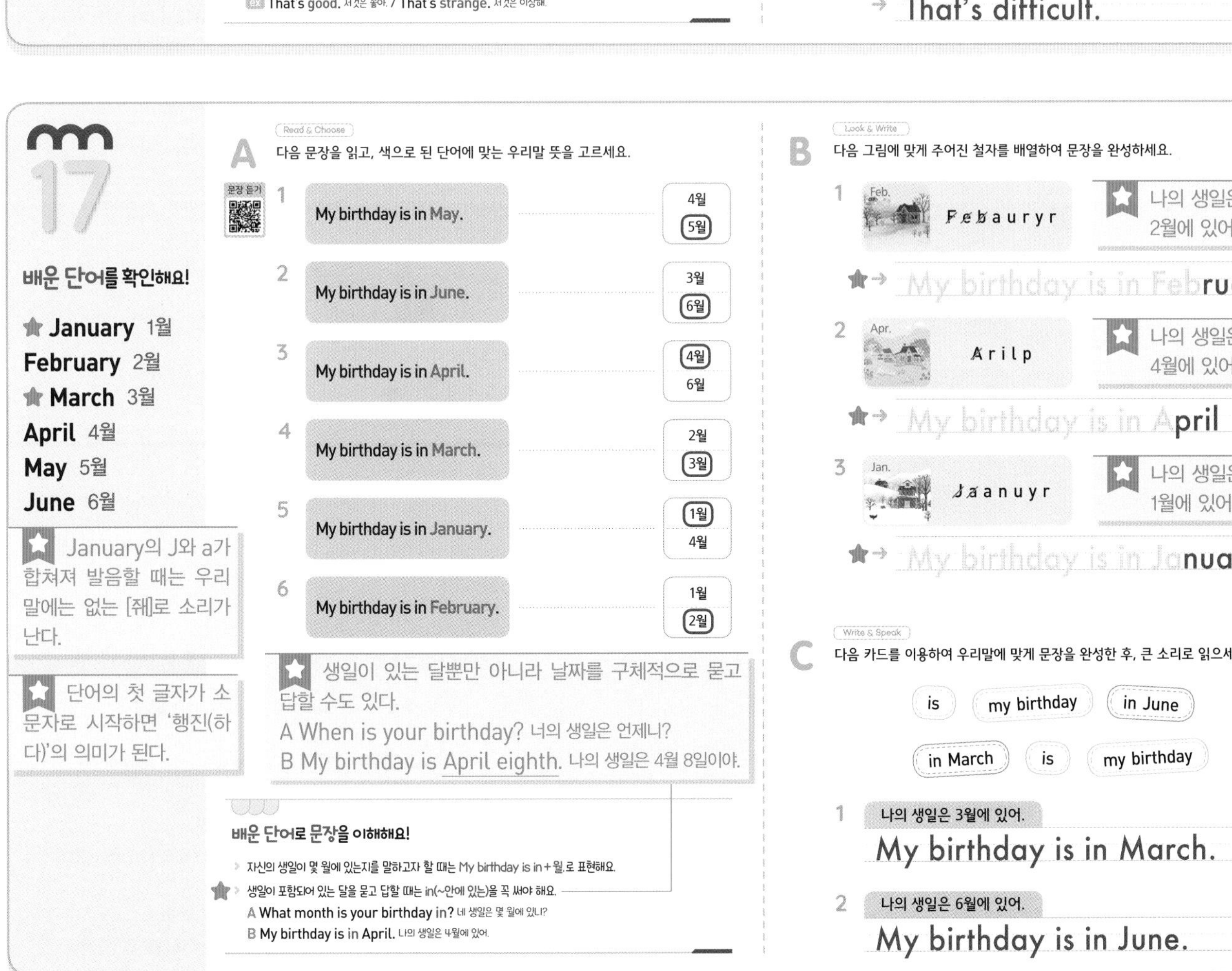

17

배운 단어를 확인해요!

★ **January** 1월
February 2월
★ **March** 3월
April 4월
May 5월
June 6월

★ January의 J와 a가 합쳐져 발음할 때는 우리말에는 없는 [쥐]로 소리가 난다.

★ 단어의 첫 글자가 소문자로 시작하면 '행진(하다)'의 의미가 된다.

A
Read & Choose

다음 문장을 읽고, 색으로 된 단어에 맞는 우리말 뜻을 고르세요.

문장 듣기

1 My birthday is in May. — 4월 / (5월)
2 My birthday is in June. — 3월 / (6월)
3 My birthday is in April. — (4월) / 6월
4 My birthday is in March. — 2월 / (3월)
5 My birthday is in January. — (1월) / 4월
6 My birthday is in February. — 1월 / (2월)

★ 생일이 있는 달뿐만 아니라 날짜를 구체적으로 묻고 답할 수도 있다.
A When is your birthday? 너의 생일은 언제니?
B My birthday is April eighth. 나의 생일은 4월 8일이야.

배운 단어로 문장을 이해해요!

- 자신의 생일이 몇 월에 있는지를 말하고자 할 때는 My birthday is in + 월.로 표현해요.
- ★ 생일이 포함되어 있는 달을 묻고 답할 때는 in(~안에 있는)을 꼭 써야 해요.
  A What month is your birthday in? 네 생일은 몇 월에 있니?
  B My birthday is in April. 나의 생일은 4월에 있어.

B
Look & Write

다음 그림에 맞게 주어진 철자를 배열하여 문장을 완성하세요.

1 Feb. F e b a u r y r — ★ 나의 생일은 2월에 있어.
★→ My birthday is in February.

2 Apr. A r i l p — ★ 나의 생일은 4월에 있어.
★→ My birthday is in April.

3 Jan. J a a n u y r — ★ 나의 생일은 1월에 있어.
★→ My birthday is in January.

C
Write & Speak

다음 카드를 이용하여 우리말에 맞게 문장을 완성한 후, 큰 소리로 읽으세요.

is / my birthday / in June / in March / is / my birthday

1 나의 생일은 3월에 있어.
My birthday is in March.

2 나의 생일은 6월에 있어.
My birthday is in June.

78쪽 79쪽

82쪽
83쪽

18

배운 단어를 확인해요!

★ **July** 7월
August 8월
September 9월
October 10월
November 11월
December 12월

★ 단어에 따라 l은 [ㄹ] 소리가 한 번 날 수도 있고 두 번 날 수도 있다.
두 번 발음: July[주울라이]
한 번 발음: elbow[엘보우]

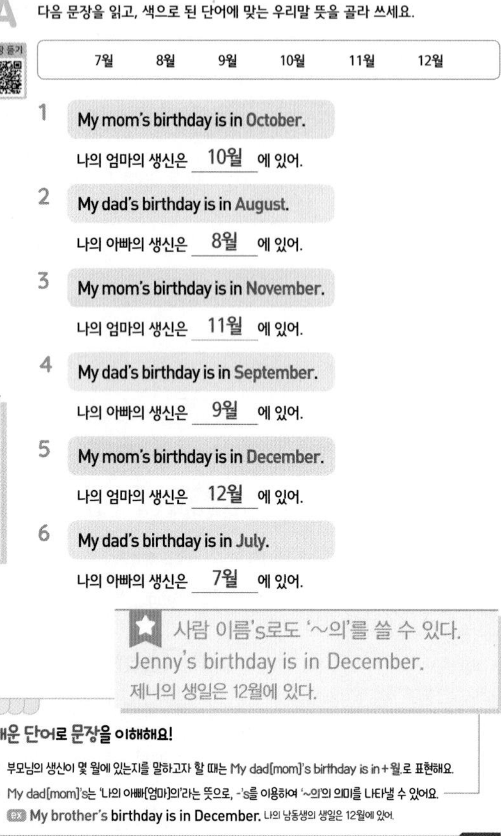

A Read & Write
다음 문장을 읽고, 색으로 된 단어에 맞는 우리말 뜻을 골라 쓰세요.

문장 듣기

7월	8월	9월	10월	11월	12월

1 My mom's birthday is in October.
나의 엄마의 생신은 10월 에 있어.

2 My dad's birthday is in August.
나의 아빠의 생신은 8월 에 있어.

3 My mom's birthday is in November.
나의 엄마의 생신은 11월 에 있어.

4 My dad's birthday is in September.
나의 아빠의 생신은 9월 에 있어.

5 My mom's birthday is in December.
나의 엄마의 생신은 12월 에 있어.

6 My dad's birthday is in July.
나의 아빠의 생신은 7월 에 있어.

★ 사람 이름's로도 '~의'를 쓸 수 있다.
Jenny's birthday is in December.
제니의 생일은 12월에 있다.

배운 단어로 문장을 이해해요!

- 부모님의 생신이 몇 월에 있는지를 말하고자 할 때는 My dad[mom]'s birthday is in+월.로 표현해요.
- ★ My dad[mom]'s는 '나의 아빠[엄마]의'라는 뜻으로, -'s를 이용하여 '~의'의 의미를 나타낼 수 있어요.

ex My brother's birthday is in December. 나의 남동생의 생일은 12월에 있어.

B Choose & Write
다음에서 알맞은 단어를 골라 우리말에 맞게 문장을 완성하세요.

September August July December
November October

1 8 나의 아빠의 생신은 8월에 있어.
→ My dad's birthday is in August.

2 10 나의 엄마의 생신은 10월에 있어.
→ My mom's birthday is in October.

3 9 나의 아빠의 생신은 9월에 있어.
→ My dad's birthday is in September.

C Write & Speak
다음 우리말에 맞게 카드를 배열한 후, 완성된 문장을 큰 소리로 읽으세요.

1 나의 엄마의 생신은 12월에 있어.
birthday | . | is | my mom's | in December
→ My mom's birthday is in December.

2 나의 아빠의 생신은 7월에 있어.
in July | is | birthday | . | my dad's
→ My dad's birthday is in July.

86쪽
87쪽

19

배운 단어를 확인해요!

★ **watch** 보다
★ **exercise** 운동하다
feed 먹이를 주다
ride 타다
practice 연습하다

★ watch의 t는 묵음으로, 동일한 예로 catch(잡다)가 있다.

★ exercise의 'x'는 [ㅋ]와 [ㅆ] 소리가 동시에 난다. 같은 예로 Mexico[멕씨코우]가 있다.

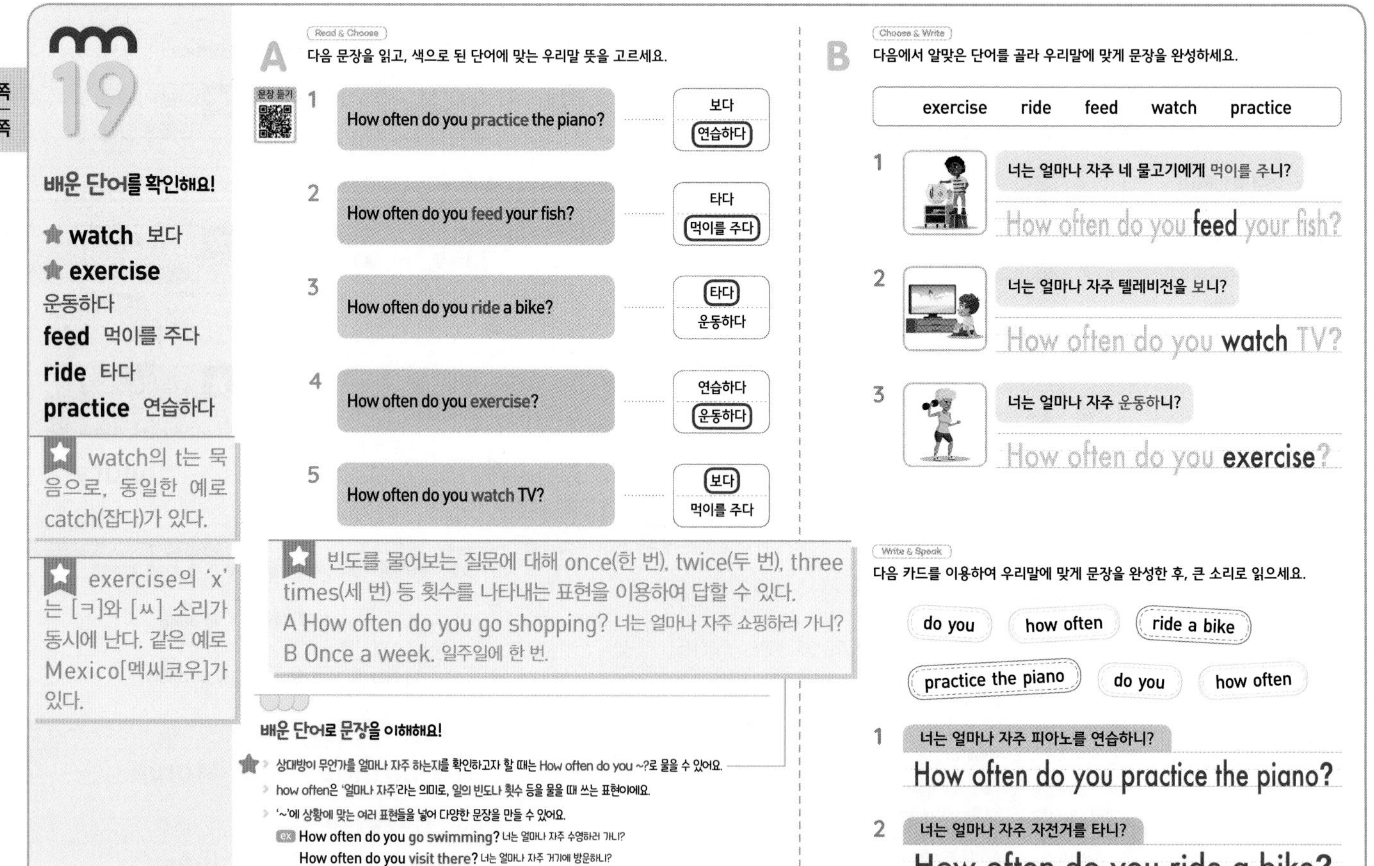

A Read & Choose
다음 문장을 읽고, 색으로 된 단어에 맞는 우리말 뜻을 고르세요.

문장 듣기

1 How often do you practice the piano? — 보다 / (연습하다)

2 How often do you feed your fish? — 타다 / (먹이를 주다)

3 How often do you ride a bike? — (타다) / 운동하다

4 How often do you exercise? — 연습하다 / (운동하다)

5 How often do you watch TV? — (보다) / 먹이를 주다

★ 빈도를 물어보는 질문에 대해 once(한 번), twice(두 번), three times(세 번) 등 횟수를 나타내는 표현을 이용하여 답할 수 있다.
A How often do you go shopping? 너는 얼마나 자주 쇼핑하러 가니?
B Once a week. 일주일에 한 번.

배운 단어로 문장을 이해해요!

- ★ 상대방이 무언가를 얼마나 자주 하는지를 확인하고자 할 때는 How often do you ~?로 물을 수 있어요.
- how often은 '얼마나 자주'라는 의미로, 일의 빈도나 횟수 등을 물을 때 쓰는 표현이에요.
- '~'에 상황에 맞는 여러 표현들을 넣어 다양한 문장을 만들 수 있어요.

ex How often do you go swimming? 너는 얼마나 자주 수영하러 가니?
How often do you visit there? 너는 얼마나 자주 거기에 방문하니?

B Choose & Write
다음에서 알맞은 단어를 골라 우리말에 맞게 문장을 완성하세요.

exercise ride feed watch practice

1 너는 얼마나 자주 네 물고기에게 먹이를 주니?
How often do you feed your fish?

2 너는 얼마나 자주 텔레비전을 보니?
How often do you watch TV?

3 너는 얼마나 자주 운동하니?
How often do you exercise?

C Write & Speak
다음 카드를 이용하여 우리말에 맞게 문장을 완성한 후, 큰 소리로 읽으세요.

do you | how often | ride a bike | practice the piano | do you | how often

1 너는 얼마나 자주 피아노를 연습하니?
How often do you practice the piano?

2 너는 얼마나 자주 자전거를 타니?
How often do you ride a bike?

20

배운 단어를 확인해요!

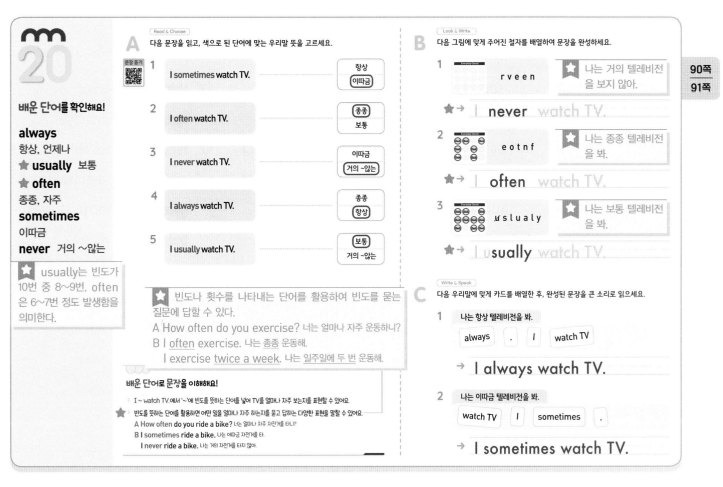

always 항상, 언제나
★ **usually** 보통
★ **often** 종종, 자주
sometimes 이따금
never 거의 ~않는

★ usually는 빈도가 10번 중 8~9번, often은 6~7번 정도 발생함을 의미한다.

A Read & Choose
다음 문장을 읽고, 색으로 된 단어에 맞는 우리말 뜻을 고르세요.

문장 듣기

1 I sometimes watch TV. — 항상 / (이따금)
2 I often watch TV. — (종종) / 보통
3 I never watch TV. — 이따금 / (거의 ~않는)
4 I always watch TV. — 종종 / (항상)
5 I usually watch TV. — (보통) / 거의 ~않는

★ 빈도나 횟수를 나타내는 단어를 활용하여 빈도를 묻는 질문에 답할 수 있다.
A How often do you exercise? 너는 얼마나 자주 운동하니?
B I often exercise. 나는 종종 운동해.
I exercise twice a week. 나는 일주일에 두 번 운동해.

배운 단어로 문장을 이해해요!
- I ~ watch TV.에서 '~'에 빈도를 뜻하는 단어를 넣어 TV를 얼마나 자주 보는지를 표현할 수 있어요.
- ★ 빈도를 뜻하는 단어를 활용하면 어떤 일을 얼마나 자주 하는지를 묻고 답하는 다양한 표현을 말할 수 있어요.
A How often do you ride a bike? 너는 얼마나 자주 자전거를 타니?
B I sometimes ride a bike. 나는 이따금 자전거를 타.
I never ride a bike. 나는 거의 자전거를 타지 않아.

B Look & Write
다음 그림에 맞게 주어진 철자를 배열하여 문장을 완성하세요.

1 rveen — ★ 나는 거의 텔레비전을 보지 않아.
★→ I never watch TV.
2 eotnf — ★ 나는 종종 텔레비전을 봐.
★→ I often watch TV.
3 uslualy — ★ 나는 보통 텔레비전을 봐.
★→ I usually watch TV.

C Write & Speak
다음 우리말에 맞게 카드를 배열한 후, 완성된 문장을 큰 소리로 읽으세요.

1 나는 항상 텔레비전을 봐.
always | . | I | watch TV
→ I always watch TV.

2 나는 이따금 텔레비전을 봐.
watch TV | I | sometimes | .
→ I sometimes watch TV.

90쪽 / 91쪽

Review 16 – 20

A 단어 발음을 듣고, 우리말 뜻에 맞는 카드를 찾아 단어를 완성하세요.

단어 듣기

-ovember | -reat | -ifficult | -ften | -arch | -eed | -anuary | -eptember

1 종종 often
2 1월 January
3 대단한 great
4 11월 November
5 3월 March
6 어려운 difficult
7 9월 september
8 먹이를 주다 feed

B 다음 문장을 우리말로 표현할 때 빈칸에 알맞은 우리말 뜻을 쓰세요.

1 That's important. — 저것은 중요 해.
2 I usually watch TV. — 나는 보통 텔레비전을 봐.
3 My birthday is in May. — 나의 생일은 5월 에 있어.
4 How often do you exercise? — 너는 얼마나 자주 운동하 니?
5 My dad's birthday is in August. — 나의 아빠의 생신은 8월 에 있어.

C Let's Play
우리말 뜻이나 그림에 맞는 단어로 퍼즐을 완성하세요.

Answers: 1 never, 2 July, 3 February, 4 easy, 5 always, 6 wrong, 7 ride, 8 practice

★ 6은 '틀린, 잘못된'을 8은 '연습하다'를 의미하는 삽화이므로 이에 해당되는 단어를 써야 한다.

★ Across (가로)
3 2월
6 (그림)
8 (그림)

Down (세로)
1 거의 ~않는
2 7월
4 쉬운
5 항상, 언제나
7 타다

92쪽 / 93쪽

실력 Test

A Step 1

94쪽

01	여름	☐ spring	☑ summer
02	과일	☑ fruit	☐ plum
03	국수	☑ noodles	☐ noodle
04	주문하다	☐ hurt	☑ order
05	차분한	☐ lucky	☑ calm
06	열 번째의	☑ tenth	☐ fifth
07	8월	☐ June	☑ August
08	이집트	☑ Egypt	☐ Egyptian
09	인도인의	☐ Mexican	☑ Indian
10	팔꿈치	☐ knee	☑ elbow
11	모양	☑ shape	☐ square
12	세 번째의	☑ third	☐ second
13	삼각형	☐ rectangle	☑ triangle
14	먹이를 주다	☑ feed	☐ miss
15	여덟 번째의	☑ eighth	☐ eightth
16	공항	☐ gym	☑ airport
17	싫어하다	☐ believe	☑ hate
18	블라우스	☐ vest	☑ blouse
19	주말	☑ weekend	☐ weekday
20	어려운	☐ easy	☑ difficult
21	5월	☐ July	☑ May
22	때때로	☑ sometimes	☐ often

A Step 2

94쪽

23	등	back
24	2월	February
25	발목	ankle
26	가을	fall
27	호주	Australia
28	맛있는	delicious
29	타원	oval
30	12월	December
31	시청	city hall
32	의류	clothes
33	어제	yesterday
34	훌륭한	great
35	파인애플	pineapple
36	회전하다	turn
37	네 번째의	fourth
38	직진하여	straight
39	인기 있는	popular
40	베트남인의	Vietnamese
41	첫 번째의	first
42	그리워하다	miss
43	일곱 번째의	seventh
44	거의 ~않는	never

B Step 1

95쪽

01	winter	☐ 가을	☑ 겨울		11	right	☑ 오른쪽으로	☐ 왼쪽으로
02	pasta	☐ 국수	☑ 파스타		12	sweater	☐ 운동화	☑ 스웨터
03	funny	☐ 건강한	☑ 재미있는		13	today	☑ 오늘	☐ 어제
04	India	☑ 인도	☐ 인도인의		14	exercise	☑ 운동하다	☐ 회전하다
05	June	☑ 6월	☐ 9월		15	rectangle	☐ 정사각형	☑ 직사각형
06	March	☐ 2월	☑ 3월		16	Egyptian	☑ 이집트인의	☐ 호주인의
07	hurt	☐ 싫어하다	☑ 아프다		17	understand	☐ 기억하다	☑ 이해하다
08	easy	☑ 쉬운	☐ 훌륭한		18	restaurant	☐ 슈퍼마켓	☑ 음식점
09	July	☐ 4월	☑ 7월		19	watermelon	☐ 멜론	☑ 수박
10	usually	☑ 보통	☐ 항상		20	French fries	☑ 감자튀김	☐ 볶음밥

B Step 2

95쪽

21	watch	보다	31	Mexican	멕시코인(의)
22	fifth	다섯 번째의	32	September	9월
23	season	계절	33	hundredth	백 번째의
24	plum	자두	34	supermarket	슈퍼마켓
25	April	4월	35	remember	기억하다
26	square	정사각형	36	sneakers	운동화
27	lucky	운이 좋은	37	tomorrow	내일
28	Vietnam	베트남	38	wrong	틀린, 잘못된
29	vest	조끼	39	November	11월
30	ride	타다	40	sandwich	샌드위치

C Step 1

96쪽

01	저것은 중요해.	That's important .
02	너는 호주인이니?	Are you Australian ?
03	그곳은 9층에 있어.	It's on the ninth floor.
04	너는 그를 믿니?	Do you believe him?
05	나는 네 부츠가 정말 좋아.	I love your boots .
06	한 블록을 직진해서 가세요.	Go straight one block .
07	내 친구 로이는 매우 건강해.	My friend Roy is so healthy .
08	이 망고는 맛있니?	Is this mango delicious?
09	나의 엄마의 생신은 10월에 있어.	My mom's birthday in October .
10	제가 체육관에 어떻게 갈 수 있나요?	How can I get to the gym ?
11	너는 얼마나 자주 피아노를 연습하니?	How often do you practice the piano?

C Step 2

96쪽

12	I'd like fried rice, please.	나는 볶음밥 을 원해요.
13	My knee hurts.	나의 무릎 이 아파.
14	Turn left.	왼쪽으로 도세요.
15	That's right.	저것은 맞아[옳아] .
16	He lives in Mexico.	그는 멕시코 에 살아.
17	I always watch TV.	나는 항상 텔레비전을 봐.
18	My birthday is in January.	나의 생일은 1월 에 있어.
19	I'm in the second grade.	나는 2 학년이야.
20	Its shape is a circle.	그것의 모양은 원[동그라미] 이야.
21	I like spring the most.	나는 봄 을 가장 좋아해.
22	I go swimming on weekdays.	나는 평일 에 수영하러 가.